中华先贤人物故事汇

苏秦

高新华 著

中华书局

图书在版编目（CIP）数据

苏秦/高新华著. —北京：中华书局，2022.1（2024.12重印）
（中华先贤人物故事汇）
ISBN 978-7-101-15429-0

Ⅰ.苏… Ⅱ.高… Ⅲ.苏秦-生平事迹 Ⅳ.K827＝31

中国版本图书馆 CIP 数据核字（2021）第 223838 号

书　　名　苏　秦
著　　者　高新华
丛 书 名　中华先贤人物故事汇
责任编辑　徐卫东　董邦冠
美术总监　张　旺
封面绘画　张　旺
内文插图　纪保超
责任印制　管　斌
出版发行　中华书局
　　　　　（北京市丰台区太平桥西里 38 号　100073）
　　　　　http://www.zhbc.com.cn
　　　　　E-mail:zhbc@zhbc.com.cn
印　　刷　三河市宏达印刷有限公司
版　　次　2022 年 1 月第 1 版
　　　　　2024 年 12 月第 4 次印刷
规　　格　开本/787×1092 毫米　1/32
　　　　　印张 5⅛　插页 2　字数 55 千字
印　　数　9001-12000 册
国际书号　ISBN 978-7-101-15429-0
定　　价　22.00 元

出版说明

孔子周游列国，创立儒家学说；张骞出使西域，开辟丝绸之路；书圣王羲之，留下了曲水流觞的佳话；诗仙李白，写下了"举头望明月，低头思故乡"的名篇；王安石为纠正时弊，推行变法；李时珍广集博采，躬亲实践，编撰医药学名著《本草纲目》……

这些杰出的历史人物，有的是在中华民族文明进程中做出过突出贡献、对后世产生过巨大影响的思想家、政治家，有的是对中华优秀传统文化的传承传播发挥过重大作用的文学家、艺术家、科学家，有的是为国家安定统一、民族融合团结和中外文化交流做出过杰出贡献的军事家、外交家……他们为中华民族的繁荣发展做出了伟大的贡献，他们的行为事迹、风范品格为当世楷模，并垂范后世。

他们是中华民族的先贤人物。他们的思想、品德、事迹，是中华优秀传统文化的结晶。他们的故事，是对中华民族的禀赋、特点和气质最生动、最鲜活的阐释。他们的名字，在五千年中华文明史上最为光彩夺目。他们为五千年中华文明史书写了最为光辉灿烂的篇章。

为了解先贤，走近先贤，我们精心组织编写了这套《中华先贤人物故事汇》丛书。以详实可靠的史料为依据，以细腻动人的故事为载体，真实地呈现中华先贤人物的事迹、品格和精神风貌，彰显他们的贡献和功绩，以激发人们对国家民族的热爱，对中华文明、中华优秀传统文化的崇敬。

开卷有益，期待这套丛书成为你的良师益友。

目 录

导　读

　　苏秦是战国中晚期最著名的纵横家，然而其事迹在流传中反倒由于人们的附会而多所湮没，至司马迁写《史记》时已不甚明了，所以历史上关于苏秦的传说颇多抵牾错谬。幸而上世纪七十年代在长沙马王堆汉墓中发现了一部《战国纵横家书》，其中关于苏秦的篇章最多，可以纠正《战国策》《史记》等史料的许多错误。结合传世文献与《战国纵横家书》的相关记载，参考学者们的研究，大致可以勾勒出苏秦的事迹如下：

　　苏秦是战国洛阳乘轩里人，大概是周王朝的开国元勋苏忿生之后，但至苏秦时家境显然已并不甚好。苏秦字季子，是家中的幼子，旧说苏代、苏厉是他的弟弟，可能是不对的。传说他早年与张仪同学于鬼谷子，但其事迹实际上主要发生在张仪去世（前309）之后，所以二人更可能是先后拜鬼谷子为师。

推算起来，苏秦大约生于周显王四十四年（前325），早年曾游说过周王、秦王，但都失败了，于是回到家乡闭门苦读，最终悟出了游说列国君王的道理。《战国策》和《史记》中所讲苏秦游说燕、赵、韩、魏、齐、楚等六国，佩六国相印以伐秦，可能是纵横家夸饰虚构的不实之词。真实的情况大概是，苏秦与燕昭王定下反间计，以报齐国曾经攻破燕国之仇。具体做法是，由苏秦出使齐国为间谍，鼓动齐国伐灭宋国，以激起列国对齐的仇视，进而联合列国攻灭齐国。苏秦大约于公元前294年出使齐国，经历了许多风险和艰苦的斗争。整整十年之后，燕国才联合赵、秦、韩、魏等，在乐毅的统帅下打败齐国，然而苏秦也因间谍行为被发现而遭车裂身亡。

由苏秦的事迹来看，他不像传说中那样是一个纵横捭阖、翻云覆雨的游说之士，而是一个具有坚定的信念，敢于直面困难、隐忍坚强的好男儿，能够为理想付出生命代价的坚毅卓绝的伟丈夫。苏秦虽然死于非命，但他与燕昭王所定的伐齐复仇大计还是实现了，所以后人有"燕之兴也，苏秦在齐"（银雀山汉简《孙子兵法》）之说，并谓"苏秦不信于天下，为燕尾生"（邹阳《狱中上梁王书》）。也许，苏秦还怀有更宏大的志向，只是没有机会施行罢了。

说秦失败

隆冬，大雪。

苏秦紧紧裹了裹身上的黑貂裘衣，加快步伐，紧跟在谒者身后迈入了秦廷的大门。

这已是苏秦第七次来见秦昭王。他抬头瞥了眼通往秦王宫殿的陛阶，现在高高的陛阶已被雪覆盖，虽然他已经六次登上过秦王的宫殿，但这些阶梯在他眼中仍然如同天阶，每登上一级，都有说不尽的疲惫感。然而苏秦还是默默鼓励自己：这次一定会成功！

在迈入殿堂高高的门槛之前，他轻轻拍落身上的雪花，原本略带倦色的脸上立刻显得神采奕奕、精神抖擞。

宫殿里靠近秦王席位的地方点燃了一大盆木炭，火苗蹿动，可空旷的大殿里仍旧有些阴冷。秦昭王有些慵懒地斜倚在几案上，西侧东向而坐的是时任秦相的赵人楼缓。苏秦满怀感激地望了楼缓一眼，接着对秦王行了再拜之礼。秦王似乎并没有抬眼看他，缓缓地开口说道："先生今日又来见寡人，不知有何高论，不妨直说吧。"

苏秦连忙说道："大王，想我大秦，西有巴蜀、汉中，富甲天下；北有胡人之毛皮，代地之良马；南有险要的巫山、长江；东有牢固的崤山、函谷关；而关中沃野千里，号称天府，真乃民富兵强。战车万辆，壮士百万，可谓天下之雄。有这样的实力，如果发兵东下，吞并诸侯，一统天下，绝对不是难事。若大王不介意，请容我详细道来……"

秦王看了眼苏秦，一抬手，打断了他的话："寡人听说，羽毛尚未丰满，是不可以高飞的；法令还没制定，是不可以诛罚的；道德不够厚重，也就不能役使百姓；政教逆人之心，也就无法令大臣尽忠。感谢先生不远千里来教导寡人。我看，此事还是改日再谈吧。"

苏秦没料到秦王对他这样没有耐心，急忙说道："臣本就疑心大王不能用我之言。可是，自古以来，神农、黄帝，尧、舜、禹、汤，以至文、武、周公，齐桓、晋文，无不以征伐平定天下。而那些一味信任文士、专门崇尚礼教的国家，全都议论纷纭、昏乱不治。故而当今强国，莫不废文任武，厚养死士，杀敌者有赏，怯战者诛杀。当今之世，要吞并天下，凌驾诸侯，屈服敌国，专制海内，不靠武力是万万不可的！而眼下继位的国君们，皆都忽略大道，昏于教化，乱于法制，而沉迷辩说。所以，臣以为大王也不能用臣之言。"苏秦故意加重了"也"字的语气，试图以此激起秦王的注意。

可谁承想秦王等他讲完，竟头也没抬，仍旧摆摆手，懒洋洋地说道："先生还是先去馆舍休息吧。天冷，多加点衣服。"

话已至此，即使带着一万分的不情愿，苏秦也只好退出了秦廷。

苏秦一直怀疑秦昭王压根儿没有正眼瞧过自

己，但从最后一句话，他还是认定秦王已经看出自己衣衫的单薄。是的，除了外面的一袭黑貂裘衣还算体面，苏秦身上实在太寒酸了。

匆匆返回馆舍，苏秦脱下黑貂裘衣，轻轻叠好，整齐地摆放在卧榻旁的小案上；再把已然洗得有些褪色的缁布长袍也脱下，摆好；然后摘下头上也有些显旧的鹊尾冠，放在长袍上面。没有了貂裘与缁袍的遮蔽，苏秦下意识地看了眼身上有几处已露出绵絮的绵衣，"唉！"深深叹了一声，躺在了卧榻上，不觉眼泪顺着眼角淌了下来。苏秦陷入了深深的回忆之中……

苏秦，字季子，洛阳乘轩里人，生于周显王四十四年（前325），是年已届而立。从姓氏籍贯即可看出，他乃是周初开国元勋大司寇苏公苏忿生之后。苏公是周武王的重臣，与周公、召公、太公等齐名，也是王族的一支；洛阳，是周王朝的东都，而"乘轩"的里名，暗示了其出身的高贵。

然而，这些曾经的辉煌对于苏秦而言，都不过是"曾经"而已。祖上的荣光早已淡去，到父亲一辈，家中除了尚有百亩薄田外别无他产，年成好时尚可勉强糊口，年成不好，一家人就难免忍饥挨饿了。于是父亲不得不放下贵族的架子，时常带着他和两个略长几岁的哥哥苏代、苏厉，到王城的手工作坊去打些零工，甚或贩卖些小商品。由贵族沦落入农、工、商的，又何止他们一家？所谓"高岸为谷，深谷为陵"，当时这样的例子比比皆是。不是有人问过这样的话么："三后之姓，于今安在？"意思是说，夏、商、周三代王族的子孙，现在都在哪儿呢？不是大都沦为普通平民了吗？世事如此，原本是无可奈何的。而经过父亲和三兄弟的努力，家境竟也有所起色，与左邻右舍相比，总算没有辱没了"乘轩里"这个名头。

生逢乱世，父亲清醒地意识到，要中兴苏氏家族，唯一的出路就是读书求仕。他本人早已为生计蹉跎了韶华，希望只好寄托于几个儿子身上。长子出生不久便夭折了，后来的三个倒也争气，一边随他务农经商，一边挤出时间读了不少书。尤其是这小儿子苏秦，读书是极用功的，有一次为了得到一卷书，他甚至剪了头发卖掉来买书；还有一次在经商的途中，遇到有人于树下读书，苏秦手头没有简册，便以墨书写在手掌、大腿上，晚上一回到家再赶紧抄写下来。苏秦的爱书如命也是有名的，无钱买书，他便砍了竹子，破为竹简，借书抄写；若在途中，他就经常剥下几块树皮编成袋状，以为盛书的书囊。对此，父亲看在眼里，喜在心头。

就这样，三兄弟渐渐长大成人。大哥苏代二十岁行了冠礼之后，父亲为他娶了妻子；又过了两年，有了子嗣之后，苏代便外出游说去了，现今已在燕昭王那里做了客卿。二哥苏厉也走上了苏代的路，现在是齐国孟尝君田文的门客。到苏秦行了冠礼之后，父亲循例也要为他娶妻，但他郑重地对父亲说道："孩儿虽读了些书，明了点理，但终觉才疏学浅，恨无名师指点。希望父亲宽以时日，让我拜访名师，多学些本事，然后再游仕诸侯，救民于水火。"父亲见苏秦说得真诚，私心里对他也比两个哥哥寄予更大希望，于是便答应下来。

其实苏秦心中早有了打算。他要拜访的名师，便是相传隐居于洛阳东南三百多里的嵩山深处、一处唤作鬼谷的得道高人，人们不知其姓氏，都叫他鬼谷先生。据说当时活跃于列国的著名游士张仪，便是鬼谷先生的高足。了解鬼谷先生的人都说他至少也有八九十岁了，然而鹤发童颜，健步如飞，除了偶尔出谷买一点衣食日用之物，只待在谷中清修。也有人说，鬼谷先生实际上是位仙人，对天文地理、医卜星相以及方术兵法，无所不知，无所不能，甚至能呼风唤雨。当然，传说不足全信，但从这些传言和张仪的事迹来看，鬼谷先生绝非浪得虚名。

带上父亲为他准备的金钱，又收拾了一些衣物和少许干粮，背上一把宝剑，苏秦便出发了。晓行夜宿，饥餐渴饮，一路经过无数重峦叠嶂、涧谷湍流，足足走了十多天，这一日清晨，苏秦终于来到鬼谷谷口。

时值初夏，山谷植被繁茂，杂花生树，花树掩映之间涛声震耳，闪出一条溪水，只见清流见底，碧波拍打着涧中的白石，激起阵阵浪花。苏秦心想，此谷又名清水谷，果然不虚。越往里走，水声渐小，耳边不时传来嘤嘤鸟鸣，哀哀猿啼，然而脚下荆棘遍地，杂草丛生，两边峭壁万仞，怪石逼人，却是越来越难行了。山风吹着岩窍，掠过树梢，发出声声呜咽，原本进谷之前还觉得风景怡人，现下却让人觉得有些不寒而栗了，怪不得说此谷只有鬼神可至，因名鬼谷了。

苏秦顾不得多想，披荆斩棘，艰难前行。约莫走了三四个时辰，日头已经偏西，谷中光线渐暗，苏秦有些焦急了。擦了一把额头的汗水，举目四望，突然发现，左前方崖壁上，升起来袅袅青烟。苏秦心头大喜，那一定是鬼谷先生做饭的炊烟吧?！走近那处崖壁，发现有道窄窄的石阶通往崖壁半腰，拾级而上，石阶的尽头原来是一处岩洞，里面一位老人坐在石凳上，正笑吟吟地看着他，问道："年轻人，你不辞辛苦来到这荒山僻谷，一定是有什么事吧?"苏秦连忙拱手答道："先生，晚辈前来，是向您拜师学艺的。当今天下，战火四起，民不聊生，我愿向您学得一身真本领，即便不能平定天下，若能令百姓少遭些涂炭，也不枉此一生了。"说着，苏秦便跪在地上，要给老人叩头。老人起身拦住了他，说："年纪轻轻便有此志向，实在难得。不过现在我还不能答应你，你若能

苏秦走近那处崖壁，发现有道窄窄的石阶通往崖壁半腰。

在此住上一月，一月之后，可否收你为徒，再行决定。"苏秦站起身，毕恭毕敬地垂手侍立，连连点头称是。

一个月里，苏秦早起晚睡，洒扫石室，砍柴挑水，习文练武，十分勤快，自然通过了鬼谷先生的考验。拜师之后，鬼谷先生可以说是倾囊相授，举凡道术法制、仁义礼乐、阴阳律令、五行生克，以及行军布阵之法、虚实取予之道、纵横捭阖之术，一一细细讲解；苏秦更是手记心诵，夜以继日地勤学苦练，对师父的传授皆能烂熟于心。

山中无历日，苏秦自己也记不清已过了多少个日夜。这一天，师父把他唤至身边，说道："你进山学习，至今已是七个年头了，我能教你的都已传授于你，今后就靠你自己努力了。方今天下大乱，民不聊生，也是你下山的时候了。止戈为武，平定天下，重整乾坤，是免不了刀兵杀戮的；然而你要谨记：匡扶正义，救民水火，勇往直前，百死不悔。以后凡事用心，审时度势，你定能做出一番事业。好了，你下山去吧。"听师父说完这番话，苏秦早已泪流满面。七年相处，他与师父已然情同父子；然而苏秦明白，他来学艺，终有离开的一天。虽有万分不舍，他还是双膝跪地，向师父深深拜了三拜，收拾行囊，与师父洒泪而别。

想起师父的临行嘱托，苏秦深感愧疚，有负师恩呐！然而他心中又满是困惑与迷茫。"止戈为武，平定天下，重整乾坤，是免不了刀兵杀戮的。"师父的话就在耳际，难道我劝秦王以武力平定天下有什么不对吗？

虽然百思不得其解，苏秦仍是咬牙坚持。又经三次上书，秦王依旧不为所动。

最后一次身心俱疲地回至馆舍，苏秦像往常一样脱下黑貂裘衣，小心翼翼地叠放在几案上时，发现这件唯一体面的貂裘居然掉下来一大撮毛！

正在此时，馆舍的伙计敲了几下门，见门虚掩，便探头说道："苏秦先生，上月的房费烦请您付一下吧。"

苏秦从钱袋里拿了些钱给伙计。伙计接过钱，在手里掂了两下，见这次没有赏钱，抬头瞥了一眼苏秦，笑嘻嘻地说："嘿嘿，苏秦先生，您多注意休息，不打扰了。"接着转身掩门而去。

没有给伙计赏钱，是因为苏秦付房费时才发现，囊中仅余百十钱了。自己连早饭都没吃一口，空惹伙计讥笑，哎！真真是祸不单行啊，看来只能暂且回家了。

次日一早，苏秦便收拾好不多的一点行李，赶至楼缓的府邸辞别。此次前来，多亏楼缓看在兄长苏代的面上帮他引见，否则苏秦怕连秦王的面都见不到。游说虽未成功，但离开前还是要向楼缓辞别并致谢意的。

回洛阳的途中，苏秦心中极为苦闷。事实上，游说秦国的失败已不是第一次，此前，他曾赴王城游说周王，然而周王身边的大臣都认为苏秦年少浅薄，不识时务。在王城耗时近一年，不得要领，苏秦愤而赴秦。结果再次铩羽而归，这就不能怨世无伯乐，只能怪自己不是千里马了。

由于囊中羞涩，苏秦不敢耽搁，一路上日夜兼程，节衣缩食，生怕没等到家，就已饿死沟壑。

悬梁刺股

这天天刚过午，家门在望。苏秦又累又饿，背着书囊，挎着行李，弯腰驼背，步履维艰。

进了家门，父亲见他面色黎黑，骨瘦如柴，便知道是怎么回事了，一句话也没有和苏秦讲，转身到后堂去了。妻子徐荆正在织布，见苏秦这般模样，轻叹了一声，便转头继续织起布来。两位嫂子正在厨房刷锅洗碗，听见有人来，扭头见来人又黑又瘦，步履蹒跚，简直是人不人鬼不鬼；上下打量，原来是小叔苏秦！大嫂见公公和弟媳是这般态度，自己也放下手中的碗筷，径直回屋去了；二嫂看了苏秦一眼，欲言又止，拿铲子轻敲了一声锅沿，关了厨房门，也起身进自己屋里了。

苏秦长叹一声："哎！父母不把我当儿子，嫂子不把我当小叔，妻子也不把我视为丈夫，这都是苏秦的罪过啊！"万般无奈，苏秦解下背上的行李和书囊，拖着两条沉重的腿，来到厨房，看是否还有吃的。揭开锅盖，见里面还剩有大半碗残羹！二嫂轻敲锅沿，大概是要提醒自己来吃点残羹吧。苏秦颤巍巍把羹刮出来，连喝了三大口，然后才感觉稍稍踏实了一些。哎！总算没有饿死。

　　齐国的於陵有位名士叫陈仲子，极为贫寒，但以廉洁名闻天下，与苏秦差不多同时。据说有一次，他有三天不曾吃饭了，饿得耳朵嗡嗡响，听不清任何声音；眼睛冒金星，也分不清东南西北了。陈仲子模模糊糊看到井上有棵李树，匍匐着爬过去，捡起树上落下的李子，那李子已经被虫子吃掉了大半，他顾不得许多，拿起就吃。吃了三口，然后耳朵才渐渐能听见声音，眼睛也才慢慢看清了东西。此时的苏秦，与陈仲子堪称难兄难弟啊。

　　苏秦吃完大半碗残羹，拖着疲惫已极的身躯回到房间，往床榻上一躺，立刻进入了梦乡。

　　当他再睁开眼时，已是半夜。

虽然苏秦依旧想不通自己究竟为何无法打动周王与秦王，但连续失败，让他觉得原因一定在自己身上，应该是自己没有真正领悟师父的教诲，没有把书中的道理参透。于是，当晚他便把自己所有的藏书都找了出来，摆在房中，足有数十箱。他暗自发誓，悟不出失败的原因，找不到游说的诀窍，决不罢休！

从此，苏秦便把自己关在书房之中，没日没夜地读起书来。

刚进家门时家人的冷落，其实无非是想激发苏秦的斗志。父母见他这样，岂有不心疼的？尤其是妻子徐荆，每天做好了饭菜，悄悄给苏秦端来，轻轻放在他面前，然后默默退出。

徐荆是苏秦学艺归来之后、游说赧王之前父亲为他娶的妻子，虽然与苏秦相守的时间不长，但她生性贤淑，二人感情极好。有时候苏秦读书读得入神，饭菜凉了又热，热了再凉，反复几次都不见他吃，徐荆很是心疼，最后才打断他，劝他吃饭。

一日，苏秦发现书箧中有一卷题名"太公阴符"的书，取出来展卷而读。不读还罢，一读起来苏秦就放不下了，书中所讲，都是自己终日苦思而想不通的道理。当下如饮甘泉，苏秦手捧书卷，细细地品读起来。

当读至"将欲败之，必姑辅之；将欲取之，必姑与之……"，苏秦不觉拍手大呼："妙啊！"他这一声大叫不打紧，可把前来送饭的徐荆吓了一大跳，手中的饭菜险些打翻在地。徐荆嗔怪道："看你大呼小叫的，哪里像个读书人的样子！"说着递上饭菜，"夫君且不可过于劳神，还是先用饭吧，饭后再读不迟。"

苏秦不好意思地抓了一下头发，讪笑道："娘子有所不知，这书中讲的道理甚是玄妙，来，你也坐下，我讲给你听。"苏秦拉住妻子的手不放，徐荆只好跪坐在他身侧，听他讲书。

苏秦指着书上的一段话说："所谓'将欲败之，必姑辅之'，就是说要想击败敌人，一定要先辅助他。至于如何辅助、辅助哪些方面，书中并没有讲，当然是要我等自己去想了。你想，断不可以辅助他仁善的一面，而是要助长他邪恶的一面；这如何助长，自是要随机应变、不动声色，最好能让对方觉得你是真心对他好。所以下文讲'攻强必养之使强，益之使张；太强必折，太张必缺'，正是这个意思。"

徐荆闻言，蹙着眉说道："妾身是个妇道人家，夫君说的，未必能完全明白。可我觉得这怎么听起来完全是阴谋诡计呢？"

苏秦笑道："荆，你说得对，但不全对。试想，若我为正义一方，敌方代表邪恶。如果敌方强盛于我，正面交锋，我必定落败。在此情势之下，惟有向对方示弱，顺从其需求，助长其欲望。待到他恶贯满盈之时，必遭天谴，这不妨称作'助纣为虐'之计。"

徐荆笑了，说道："夫君的意思，是不是说计谋可以分为阴谋、阳谋，但它本身并无善恶之分，关键看如何用它？"

苏秦道："正是。这'将欲取之，必姑与之'说的是大致相同的意思，历史上这样的例子极多。当年越王勾践被夫差打得大败，围困在会稽山上，计无所出。最后大夫文种、范蠡献策，让勾践献给夫差的谗臣太宰嚭许多珍宝美女，太宰嚭就劝夫差接受了勾践讲和的请求。于是勾践为臣、其妻为妾，侍奉夫差，并向夫差献上无数良马、珍宝。夫差以为勾践真心降服了，便放松了警惕，在内穷奢极欲，对外则西讨楚、北伐齐，并争霸中原，使得吴国国库耗空，民不聊生。而勾践卧薪尝胆，十年生聚，十年教训，国力渐渐强盛起来。最后，勾践趁夫差在北方与晋争霸主之位时突袭吴国，一举便将其吞并了。"

徐荆笑着说："嗯，'将欲取之，必姑与之'，是不是可以称作'太公钓鱼'之计呢？"

苏秦也笑了："娘子真是聪敏。这就好比前天你送给二嫂一把绣花团扇，她昨日便回赠了你一件绣花的肚兜。"

徐荆白了苏秦一眼，作嗔道："夫君这是哪里话来？！我送给二嫂团扇可不是为了肚兜，再说我们情同姊妹，岂是你说的敌我关系？"

苏秦见状，连忙道："我失言了，该打，该打！"说着拉过徐荆的手，在自己脸上啪啪拍了两下。

徐荆连忙把手抽回，羞赧地低下了头，接着站起身来，对苏秦说道："夫君快些用饭吧，凉了伤身。读书也莫要过于劳累了。"

苏秦抬头答应道："是！是！"眼光扫过妻子日渐隆起的小腹，又看了眼窗外，见不知何时淅淅沥沥下起雨来，便对徐荆嘱咐道："下雨了，当心路滑。"说着眼光又落到了徐荆的肚子上。

徐荆下意识地用手摸了一下肚子，轻轻地"嗯"了一声便出了书房，掩上房门，转身离开。

已然看不见妻子的背影，但苏秦还是呆呆地望着徐荆离开的方向，许久才回过神来，轻叹一声，摇了摇头，继续读书。此时，窗外除了雨打芭蕉，便是一派静谧。

这卷《太公阴符》苏秦是越读越入迷，一直读到夜半子时，仍不愿放下。可是，他从卯时起来，已经连续读了十个时辰，夜深人静，困意袭来，上下眼皮便打得难解难分起来。一愣神，额角磕在了案角上，险些摔倒。苏秦找来一根长长的麻绳，从房梁上搭过去，垂到书案的上方，然后把自己绾着的头发打开，用麻绳绑住，就像把头吊在了房梁上一般。如此一来，头倒是磕不着了，可仍旧免不了

苏秦找来一根麻绳，把自己的头发用麻绳绑住。

犯困。

　　苏秦站起身来，伸了个懒腰，心中暗道："刚才额头被磕得生疼，困意倒是减了不少。咦，这倒是个提神的好办法。"他从妻子放针线的小箱子里找来一把锥子，重新坐下读书。要是困了，便咬着牙拿锥子狠狠地扎向自己的大腿。

　　天光放亮，苏秦已把《太公阴符》读了数十遍，认为自己终于把书中的道理参悟透彻了。

　　手扶着书案想站起来，苏秦试了两下，竟然站不起来了！原来，跪坐的时间久了，两腿早已麻木得失去了知觉。再看座席上，满是殷红的血迹，席子已经和自己的腿粘在了一起。

苏厉返乡

时光如水，转眼又到了金秋送爽的时节。这天适逢八月十五，苏秦依旧在书房读书，读到"圣人不朽，时变是守。时不至，不可强生；事不究，不可强成……"，正在思索之时，就听院中有个熟悉的声音道："我回来了，父母大人可安好？"

苏秦循声望去，顿时喜出望外，原来是久违的二哥苏厉回来了！苏秦急忙起身，三步并作两步，来到苏厉面前，兴奋地叫道："二哥！你这是从哪里来？多年不见，想煞小弟了！"此时，父母、徐荆、二位嫂子以及两位侄儿，也都来到院中，一家人相见，别提有多高兴了。

吃罢晚饭，二哥来到书房，苏秦忙起身相迎。

入座之后，苏厉道："三弟前两年的游说失利，我已经有所耳闻。这大半年你在家闭门读书，可曾悟出点什么？"

苏秦道："不瞒二哥，最近我读了《太公阴符》，再回想自己的经历，深感以往自己处事轻率鲁莽。若让我总结，则可以用'不识时务'四字概之：一是不明天下大势；二是对人心人情也缺乏揣摩，故而屡战屡败。"

"哦？三弟似乎颇有心得啊，不妨详细道来。"苏厉来了兴致。

"当初小弟游说秦王之时，列国的局势，主要在赵国主导之下。赵国的主父（即赵武灵王）定下'结秦连宋'之策，派楼缓到秦国为相，赶走了孟尝君；又派仇赫入宋为相。其目的无非是为了对抗齐，因为齐国是赵吞并中山的阻力。齐的最大目标是吞并宋国，因而宋当然希望得到赵和秦的帮助。而秦想蚕食韩、魏，韩、魏则与齐结盟，秦自然也希望赵、宋能在东方牵制齐国。如此一来，主父的'结秦连宋'之策便顺利推行，赵、秦、宋与齐、韩、魏便形成对垒。谁知孟尝君一回齐国，便力主与韩、魏合纵伐秦，三国联军很快便攻至函谷关，二哥作为孟尝君的门客，你一定非常清楚。由于赵、宋并非真正想与秦联合，而只是想利用秦国牵制齐国，故而并未在东方配合秦国对三国联军采取行动，以致于三国的合纵大军最终攻入了函谷关，逼得秦国讲和，并归还了韩、魏许多侵地。"苏秦说到这里，不无感慨地道："哎！小弟去岁在秦游说之时，正是三国逼秦讲和之日。而小弟不顾眼前局势，一再对秦王讲要以武力统一天下，他如何听得进去？不识时务，不识时务啊！"

苏厉点头道："三弟所言极是。虽说愚兄当时是在孟尝君门下，身在其中，也没有三弟看得如此明晰。三弟所见，可谓洞若观火了。那么这人心人情，又是如何呢？"

"这也是兄长所知道的。在秦国，秦王固是一国之主，而楼缓也是名义上的相，但真正的实权却紧握在太后及其弟穰侯魏冉的手里，而穰侯对诸侯游士很是猜忌。当时小弟愚钝，仅是委托楼缓把我引见给秦王，就算磨破嘴皮，怕是也不得要领啊！"

苏厉拍手叹道："贤弟能有这般认识，今后再游列国，就没什么好担心的了。并且三弟的见解，应该已在我之上，愚兄自愧不如啊！"

苏秦连忙摆手道："哪里哪里，让二哥见笑了。小弟还想请教二哥，当下列国的关系如何？这大半年来，小弟足不出户，对列国的局势，所知甚少，还请二哥讲讲您的见闻。"

苏厉道："这段时间，列国风云变幻，的确发生了不少大事。就拿秦国来说吧，今年年初，楼缓被秦免去相位，穰侯魏冉再次任相国，看来秦国似乎要改变策略了，而秦、赵之间的联盟关系也可能会发生动摇。近来赵国最不太平，主父在四年前传位给了年仅十一岁的小儿子赵何，而把长子赵章封为安阳君，但安阳君心有不甘，于是趁主父与其弟赵王何出游沙丘的时候发动兵变，杀了相国肥义，围了沙丘宫。谁知这时主父的叔父公子成与李兑率兵赶来，又围住了安阳君。安阳君逃入主父所在的沙丘宫，但最终还是被杀死了。然而李兑等已经知晓主父有些后悔亏待了赵章，以致有意将赵国一分为二，封赵章为代王，而赵章一死，李兑与公子成深恐主父会加罪于他们，所以一直不放主父出来，最后竟把主父饿死于沙丘宫了。如今赵王何年幼，并不掌权，权力握于李兑之手，赵国何去何从，未可知也。"

苏秦听了，甚为吃惊，啧啧叹道："真是瞬息万变啊！短短不足一年时间，竟发生了这么多大事。然则二哥所在的齐国又如何呢？"

苏厉说："齐国的情形也很微妙。眼下孟尝君虽居相国之位，且在联合韩、魏伐秦的过程中战功显赫；然而，齐王对孟尝君的防范不满之意已然隐隐约约透露出来。而今孟尝君无论说话，还是行事，固然已是倍加小心，但君臣嫌隙已生，恐怕不久即会生变啊。"说到这里，苏厉脸上满是忧虑之色。

苏秦道："二哥也不必过于担心。即便齐王与孟尝君之间矛盾激化，以孟尝君的声望、能力，加上有二哥等众多贤士辅佐，列国君王还不是争相延聘，难道你还怕他会终老薛邑吗？哈哈！"

"哈哈！"苏厉也跟着笑了。

苏秦又道："秦、赵、齐无疑是当今实力最强的三国。其他各国可有什么动静？"

苏厉答道："三国之外，照理楚最强盛，实力与三国相比也不相上下，然而前些年楚怀王被张仪欺骗，绝齐亲秦，被秦夺取大片土地不说，齐也联合魏、韩进攻楚国，楚怀王最终落得个客死秦国的下场，你是知道的。这样一来，楚的实力便大打折扣了，其在列国间的威望也深受影响。至于北方的燕国，子之之乱以后，这位新即位的燕王倒是颇能礼贤下士、励精图治，然而燕国西有强赵，南有盛齐，北临狄、胡，加上亡国之痛，恢复实力犹且不易，要有大的发展，怕是更难了。"

苏秦点头道："二哥所论，甚为精辟。至于韩、魏，地处中原，四战之地，自保不暇，怕也难有大的发展吧？"

苏厉说："韩国正如春秋时代的郑国，处于列强夹缝之中，确如三弟所言，不会有何发展，亡国是迟早之事。至于魏国，毕竟是七国之中最先强盛者，余威犹在。而且，魏国如今也极为觊觎宋国这块肥肉。本来，齐国早已视宋为口中之物，但怕列国，特别是赵、秦、楚等垂涎争夺，于是孟尝君发动韩、魏，攻楚之后又去伐秦，为的就是让他们无暇顾及齐国吞宋之举。然而宋国虽小，也不是那么容易吞下的。宋王偃自即位以来，对内射天鞭地，暴虐无常，人称'桀宋'；对外征伐不断，东伐齐，得五城；南征楚，拓地三百里；西败魏，得二城；又灭滕而占有其地。宋屡屡以小胜大，列国皆知它离灭亡不远了，如今不仅相邻的齐、魏、楚对之垂涎不已，就连赵、秦等国也想从中分一杯羹。虽然齐国不想他国染指，但最终鹿死谁手，尚未可知啊。"

苏秦听了喜形于色道："二哥一席话，真令小弟如拨云见日一般！二哥这次回家，一定要多住些时日，你我兄弟好好叙叙。"

苏厉道："愚兄也想多住几日。这次来，本是奉了孟尝君之命，先后出使魏国、韩国，前往两国祝贺两位新君即位，所以顺道回来探视一下父母。但眼下齐国大变在即，我怕不敢多所耽搁啊。时间不早了，三弟也早些安歇吧。你我兄弟来日方长，相见叙旧的日子多着呢。"

说着，苏厉站起身来便要回房。苏秦虽然满脸的惋惜，但也只好起身相送，说道："二哥一路劳苦，快好好歇一宿，咱们明天再谈。"

送别二哥之后，苏秦回房躺在床上，却久久不能入睡。他深深地意识到，与二哥的这一席谈话至关重要。说来也巧，二哥进家门之前，他恰好读书读到"圣人不朽，时变是守。时不至，不可强生；事不究，不可强成"这几句，而与二哥的谈话无不与"时"字相关，似乎冥冥中自有安排。既然上天如此眷顾自己，那么自己接下来就应倍加努力，来报答上苍。

既然睡不着，苏秦索性起身披衣，来到书房，借着窗外皎洁的月光，一边来回踱步，一边思索着。

当今列国之强，无疑以齐、秦居首。秦国阻山带河，有崤函之固，关中、巴蜀之饶，占尽地利；但秦人崇尚法制和武力，严酷少恩，不近人情，去年我去游说，只求成就功名，真要成功，岂不是助纣为虐、大错特错！

齐国有渔、盐之利，最为富饶，加上威王、宣王几十年的励精图治，延揽人才，稷下学宫有贤士三千，可以说占据了人和；若能与稷下学士整日谈天雕龙，讨论学问，确实是一件美事；然而齐王近年来颇似宋王偃，他对外南破楚，西屈秦，所战无不如意，对内则傲士虐民，稷下学士纷纷出走，百姓不堪其命，与"桀宋"也相去不远了，我若去辅佐齐王，不同样是助纣为虐吗？

赵国自主父"胡服骑射"以来，国力之强，仅亚于齐、秦，然而新遭沙丘之乱，国君尸位素餐，李兑掌权，这李兑能饿死主父，想来是极残忍的，亦非理想之主。楚国懦弱，韩、魏必亡，更不消说了。

咦？难道我只能去燕国吗？燕虽弱小，确如二哥所说，西有强赵，南有盛齐，北邻狄、胡，很难有大的发展，但燕王即位以来，时刻不忘亡国之耻，发愤图强，礼贤下士，爱民如子，经过十七八年的努力，国力也不可小觑。正所谓"良禽择木而栖，良臣择主而事"，这位燕王与其他国君截然不同，仁爱之名著于天下，对贤能之士莫不待若上宾。听闻他曾筑黄金台招揽人才，赵国的贤士剧辛就是闻风前往的一个，剧辛在燕国的变法图强中厥功至伟；自己的大哥苏代也已是燕国的客卿。此外，齐之邹衍、楚人屈景，都是有名的贤人，皆极受礼遇。据说燕王特筑碣石宫，对邹衍亲执弟子之礼而受业。看来，燕王真是我理想的君主啊！

燕王不忘国耻，时刻想伐齐复仇，我若能助成其事，则燕不仅可占领齐国之地，而且可以在灭齐之前借助齐国之力灭亡宋国。如此一来，燕国便可连有齐、宋之地，拥有如此辽阔的疆域，统一天下岂不是迟早之事？谁说燕国不会有大的发展？事在人为，事在人为啊！

想到这里，苏秦不禁笑出声来。他止住脚步，举首望向天空，只见月光如水，天宇一派澄明。

第二天一早，还没用饭，苏秦便约了二哥到离家不远的瀍水边散步。

路边这儿一簇、那儿几株的野花吐着黄蕊，如同繁星点点；水面则浮着一层薄薄的寒雾，偶尔有一两只黑色的燕子掠过，呢喃着飞往南方去了。瀍水岸边垂柳依依，清风徐来，柳叶翩翩飘落，或落于水上，缓缓南流，奔入大河；或落于岸上，渐渐把河堤铺成了金色。一边走，苏秦一边把昨夜的思

第二天一早，苏秦便约了二哥到离家不远的濂水边散步。

考详细地向二哥讲述了一遍。

苏厉听后，略加思索，然后点头道："三弟所说颇有道理，燕王确是一位有为之君。燕国虽不足够强盛，但诚如三弟所言，如能好好利用当下的列国形势，未尝不能成就一番大业。大哥已在燕国数年，三弟这一去，彼此也有个照应。"

苏秦感慨道："是啊，与大哥多年不见，不知他现在如何了。而这次分别，真不知何时才能再与二哥相见。"

"哎！世事总不能尽如人意啊！"苏厉也不无感慨地说道。二人见时间不早了，于是踱步回家。

这两天苏秦除了读书，便是陪着二哥纵论天下大事、四方英贤。自己的事情想通了，也算是一块石头落了地，加上与二哥的欢聚，这一切让苏秦心情大好。然而，欢聚的时光总是短暂的，纵有百般不舍，就在明日，二哥苏厉还是要再次离开家门了。

与二哥洒泪而别之后，苏秦并没有急着赶赴燕国。一来是二老年事已高，如果两个儿子一下都离开，他怕父母难免悲伤；二来，徐荆很快就要生产了，他很兴奋，更不舍离开。

初见李兑

这天，天气骤冷，不知何时开始下雨了，淅淅沥沥地，雨滴打在树叶上，树叶便瑟瑟地飘落一地。苏秦从衣柜中取出一件薄绵袍，轻轻披在了正在门口呆呆看雨的徐荆身上。徐荆觉得身上一暖，这才收回目光，转头看到苏秦，她的眼角顿时满含着笑意："多谢夫君。确实有点冷了，你自己也加件衣服吧。"

"我不冷。"苏秦笑了笑说。接着，他便把自己这些天的想法和要去燕国的打算详细给徐荆讲说了一遍。

徐荆听后，久久没有说话。末了，她定睛看着苏秦，正色道："夫君身为七尺男儿，自当以事业为重，既已选定明君，就该尽早前往。贱妾虽是一介女子，又身怀六甲，眼看就要生产，从私心讲自然舍不得夫君离开，但孰轻孰重，我还是分得清的。况且夫君此去，不仅事关燕国百姓的安居乐业，还要开辟出一番天下太平的大事业，贱妾又如何能够阻拦呢？夫君尽管安心前往，我在家中，定会侍奉好公婆，抚养好咱们的孩子，与二位嫂子和睦相处，静候夫君功成荣归。"

说到这里，徐荆的眼角湿润了，眼睛仿佛蒙了一层薄雾，连忙笑了笑，低下头看着高高隆起的肚子，道："夫君在离家之前，给孩子取个名儿吧。"

"嗯。这个我还真不曾想过，娘子觉得叫什么好呢？"

"按照礼俗，本该孩子出生时取名，但无论如何，这取名也该是做父亲的责任。夫君既然要远行，只好先把名儿留下，却不该让我来取吧。"不知怎的，徐荆心中泛起了一丝丝幽怨。

"让我想想。"苏秦沉思了片刻，抬头说道："就叫苏弘吧。弘者，大也，希望这孩子将来有大智慧、大境界。娘子觉得如何？"

"嗯，很好听的名字。不过，若是个女孩儿呢？"

"我感觉应该是个男孩，若是女孩也是好的，还叫这名字，不改了。"苏秦似乎完成了一件大事一般，深情地看着徐荆，轻声道："娘子在家，多多珍重，等我回来。"

徐荆步入内室，取出一个绣着荆花的小锦囊，递给苏秦，道："夫君，这是一把铜镜，你带上吧。在外如果想家了，拿它照照，便如你我相见一般。"苏秦接过，紧紧攥在了手中。

稍事准备之后，苏秦带上行李、盘缠，背上一把宝剑，拜别了父母，辞别了妻子徐氏和嫂子、侄儿，便踏上了北上燕国的道路。

苏秦北渡孟津，不久便迤逦东行，过温，经怀，偏北行，过了朝歌，再往北便进入了赵国境内。

苏秦边走，边观察赵国的民风民情，并不时地向百姓探听赵国的朝政风云。一路上，苏秦了解到，主父饿死之后不久，公子成也老病而亡，眼下李兑专权，显赫一时。然而，虽然李兑饿死主父，而且专权于上，对其名声无疑有损，但从苏秦看到的赵国百姓的情况看，李兑治国确有独到之处，若仅仅是视之为一个阴险狠辣、贪得无厌的小人，那就错了。

虽然赵国刚刚灭亡了中山国没几年，而且也多次与周围的秦、齐、魏乃至燕国发生战争，但苏秦目之所见，耳之所闻，赵国百姓呈现出的仍是一派昂扬向上的精神。就拿刚刚路过的中牟来说吧，这里虽曾一度为赵之都城，但东临齐，南接魏与卫，战争之频繁，在赵国可以说是首屈一指的；可是苏秦所见的中牟，屋宇楼台，鳞次栉比，道路宽阔，街市整齐，人来车往，十分繁华，集市上米面鱼肉、锅碗瓢盆、锄斧镰锤，各种日用器物一应俱全，生意很是兴旺。城外则是弥望的田野，高的是高粱，矮的是谷子；高粱红了，谷子也已经成熟，沉甸甸地垂着谷穗，随处可见农夫在田里收割的身影，有人还一边收割，一边唱着农歌，声音很是嘹亮。

苏秦还从与当地人的交谈中得知，李兑非常厌恶各地的郡守、县令谎报功绩。据说，苦陉县县令在年终上报政绩时收入很多，李兑知道苦陉处在穷山恶水之间，不是县令弄虚作假、谎报政绩，就是他鱼肉百姓、搜刮民财，所以就把苦陉县令罢免了。

因此，李兑在继承赵武灵王治国成就的基础上，凭借自己的政治才能，使得本已强大的赵国更加欣欣向荣，这让列国十分恐惧。前不久，齐相孟尝君便带着韩相国成阳君和刚即位的魏王去邯郸朝见已封为奉阳君的李兑，齐、魏献地给李兑为"养邑"，甚至许诺攻下宋国之后将天下闻名的商贾富饶之地——陶邑——作为奉阳君的封邑。对齐而言，无非是想拉拢赵，使它不要阻碍自己灭亡宋国，但这已足见李兑及赵国在列强中的地位了。

离赵都邯郸越近，苏秦听到的关于李兑的传言也就越多，他决定路经邯郸时，顺便去拜会一下这位风云人物。

苏秦抵达邯郸时天色已晚，他找了一家离李兑相府不远的客栈住下，决定先好好休息一夜，明日再去拜会。

第二天一大早，苏秦洗漱干净，换了一身崭新的衣服，吃罢早餐，工工整整写了一封不长的书信，揣在怀里来到相府。

相府守门的侍者见了苏秦，拦住他喝问："干什么的？这里是相府，不得进入！"

苏秦不慌不忙从怀中掏出写好的书信，双手奉上，道："我有事要见奉阳君，烦劳通禀一声，就说洛阳苏秦求见。"

侍者接过书信，见他仪表不俗，也不敢怠慢，说道："请在此稍候，我去给您通报。"

侍者连忙入内通报。李兑展开书信，见信上写道：

　　洛阳乘轩里苏秦，家境贫寒，双亲年迈，没有破车驽马，只得扛着行李，背着书囊，风尘仆仆，栉风沐雨，跨越大河、漳水，脚上茧摞茧，手上伤复伤。走了百余日，才来到相国府门前，希望能得到您的接见，与您谈论天下之事。

李兑看完，心中暗笑，看来又是个浮夸的说客罢了。他抬头对侍者说道："你去告诉来人，就说'先生来和我讨论鬼神之事是可以的，若说的是人间之事，李兑我都已经知道了，请回去吧。'"

侍者回到门口，向苏秦转述了李兑的话。

苏秦笑道："我本来就是来说鬼话的，不说人话。"李兑只好接见了苏秦。

苏秦说："昨日臣来的时候天色已晚，城门已经关闭，无处投宿，只得来到田野，见路旁有一片丛林，边上是祭祀丛林的神祠，便睡在了神祠中。半夜时分，神祠中的土偶人与木偶人吵了起来。木偶人说：'你不过是漳水岸上的土块，把你抟成人形而已。到八月份，大雨一下，漳河水涨，你就被冲毁了。'土偶人说：'非也。我的确是土块，可被冲毁之后，也不过重回土块而已。你则不然，你不过是果园的桃树枝而已，把你刻削为人形，大雨一下，漳河水来把你冲走，那你漂漂悠悠又会到哪里去呢？'臣以为土偶人更高一筹。现在奉阳君您背负着饿杀主父的罪名立于天下，您可知道自己最后的归宿何在吗？真可谓危于累卵啊！您听臣之计则生，不听臣之计则死。"

李兑闻听，倒吸了一口凉气，心中慌乱，一时拿不定主意，最后只得说道："先生远道而来，请暂且回客馆休息一日，明日再来，李兑要好好向先生请教。"

苏秦离开之后，李兑的一位舍人对李兑笑道："臣私下观察您与苏公的谈话，以为苏公能言善辩，博学广识，似乎在您之上。敢问您能听从苏公之计吗？"李兑摇了摇头道："应该不能。"舍人说："既然您不能听其计，那就应该对他所说表现得闭目塞听、充耳不闻才是。"李兑点头，表示赞同。

第二天，苏秦再来，为李兑分情析理，讲得头头是道，可以说是天花乱坠，然而奇怪的是，李兑就像聋子一般，一会儿看看远方，一会儿指着身边笼子里的小鸟道："你瞧这鸟儿多好看！"或者说："快听！它叫得多好听！"

李兑总是顾左右而言他，令苏秦既感诧异，又十分郁闷。最后，苏秦终于明白，李兑压根儿就不打算听他说什么了。苏秦虽然不知道舍人所起的作用，但他相信，根本上讲还是自己所言没能投其所好，估计恰恰相反，自己的主张是与李兑的欲望相

苏秦为李兑分情析理，李兑却总是顾左右而言他。

悖的。从燕国的立场讲，苏秦不希望赵国与齐国结盟，故而所论无非是要以道义为先，反对秦、齐等霸道强权的行径，树立赵国（实则是李兑）在天下人心中正义光辉的形象，以慢慢消解李兑弑主的负面影响；而前不久薛公孟尝君带领魏王和韩相成阳君前来拜见，显然已经打动了李兑，否则他是不会对苏秦所说充耳不闻的。

苏秦见与李兑谈论无异于对牛弹琴，只好作罢。又在邯郸住了几日，苏秦了解到，赵国人才济济，若将来燕、赵为敌，对赵绝不可小觑。虽然赵国权柄眼下掌握在李兑手中，但将军韩徐为与之意见相左，李兑贪图齐国许诺的陶邑，想以陶邑为自己安度晚年的封地，所以主张连齐伐宋；韩徐为则与魏国信安君友善，主张连秦伐齐。此时赵王虽年幼，但朝中大臣贤能者不少，特别是廉颇、赵奢二人，有勇有谋，都可独当一面。想来赵王渐渐长大，一定不甘受制于李兑，必会联合韩徐为与之争权，二者的矛盾是可以加以利用的。

苏秦虽然未能说动李兑，但对于赵国的局势已了然于胸，于是继续前行，赶往燕国。

定计反间

　　当苏秦踏上燕国的土地时，时间已经是隆冬了。越近燕都武阳，天气越发寒冷。在子之之乱及齐军攻燕的动荡中，原来的燕都蓟城遭到严重破坏，燕昭王即位后只好在武阳略加修建，以为燕下都。从邯郸至武阳约八百里，并不甚远，中间并无高山大川，饶是如此，苏秦也足足走了一个多月。

　　尚未到易水，武阳城已然在望了。燕昭王即位十八年来，励精图治，这燕下都虽不能与临淄、邯郸等大都市相提并论，但国家残破之余，能够百废俱兴，兴建这样一座东西、南北各十里，周围四十里的都城，已着实不易。易水可谓武阳的护城河，在此分为两支，武阳南北皆是易水，武阳城就在两支易水之间，城墙厚十丈，高四丈，远望甚是雄伟。城中北部是王宫，宫殿皆建在高台之上，宏伟庄严，颇具王者气象；王宫以南及东西两侧是百工之居，制作铜器、铁器、漆器、木器、陶器、玉器、骨器等器物的作坊分工明确，井然有序；再往南便是百姓的居所，一看便知是统一修建，青瓦白墙，极为整洁，绝不似洛阳或邯郸那样杂乱，各家各户自行修建，样式各异。

苏秦进得城来，只见城中间大街上黄沙铺地，极为整洁，而街上人群则好像都在议论着什么。

已经过了午时，因为赶路，苏秦早已饥肠辘辘，见前面街口有一家酒馆，便走了进去。

"店家，打一壶酒来，可还有可口的饭菜？"苏秦坐在靠近南窗的席上，轻敲着几案说道。

店伙计赶紧跑过来："客官，好酒这就给您温上；饭菜不多了，还有些牛肉、高粱饭，不知您可愿吃？"

苏秦道："极好！只要是热饭，快些端来吧。这鬼天气，简直要冻死人了。"

伙计很快端来酒、饭，摆好。苏秦一边斟了一盏酒，一边问道："店家，敢问今天是什么日子？大街上如此洁净，可是有什么喜事？"

伙计答道："客官不知吗？因魏王新即位，我大王派了使者前往朝贺，今天魏国也派了使臣乐毅来报聘。听说这乐毅本是赵国人，为避沙丘之乱，跑到了魏国。我们大王敬爱贤士，故而十分隆重地接待了乐毅。"

苏秦听了，心中暗想：乐毅之名早有耳闻，听说此人乃魏国乐羊之后，熟读兵书，本来赵主父是很赏识他的，劝主父伐齐而立燕王的就是此人。不想主父遭遇了沙丘之难，故此乐毅避乱到了魏国。不知魏王待他如何？看样子燕王倒极为礼敬于他。我来得正是时候，可好好观察，看燕王、乐毅的为人到底如何。

打定主意之后，苏秦匆匆用罢酒饭，付了饭钱，便打听着寻至兄长苏代的府邸。

通报姓名之后，苏代风风火火出来迎接，喜道："三弟可来了，真想煞为兄了！"

兄弟二人相见之后，苏代首先询问了家中情形，二老身体可否安康等等，接着道："三弟，前番二弟来信，大致说了你的情况，并说你有意来燕国辅佐燕王，愚兄得知真是喜出望外。"

苏秦道："大哥，小弟久闻燕王筑黄金台招贤纳士，对百姓也是仁爱有加，故特来相投。不知大哥以为燕王其人如何？"

苏代道："燕王，当今之勾践也。燕王当灭国之后，靠赵主父而继承君位，未尝一刻忘怀破国之耻。怎奈燕国僻处北方，土地瘠薄，人民稀少，北有强胡，南临齐、赵，燕王虽有雪耻之心，而无报仇之力。但十八年来，燕王与百姓同甘苦，自奉养几乎等同奴仆，而卑身厚币以招四方贤士，努力谋划报仇于齐国，然而至今不敢发动，实乃国力不足之故啊。"

苏秦笑道："兄长所言原是不错的，然而事在人为，弱燕未必不敌强齐。"

苏代道："哦？三弟似是成竹在胸啊！如此看来，你定是已经想好破齐之策了？"

苏秦毅然注视着苏代，点头道："大哥，小弟此番前来，正为此事。不知兄长可否寻机荐举小弟？我想面见燕王。"

苏代道:"三弟不说,为兄也是要推荐的。明日就是个好机会,燕王要盛宴接待魏国使臣乐毅,愚兄被邀作陪,三弟就一起去吧。"

苏秦道:"兄长只须向燕王提及小弟即可,我就不去了。一路风尘,我想先歇息一两日。"苏代听了,知道这是三弟有意试探一下燕王的态度,也不勉强,便吩咐人给他安排了住处,让苏秦歇息去了。

翌日辰时,苏代驾着驷马高车,疾驰奔向武阳宫。

燕昭王早已在宫殿外静候多时了。见了苏代,前趋相迎,连连道:"有劳先生!有劳先生了!寡人已派典客前往馆驿去请乐毅先生,想必该回来了。"

正说话间,门人来报,乐毅先生到了。燕王忙正了正衣冠,示意苏代随他去迎接。

宫门之外,远远望见乐毅刚下车,燕王快步向前,深施一礼,道:"先生不远千里,惠临鄙国,寡人深感荣幸!"

乐毅没想到燕王会对自己如此敬重,连忙要行拜见国君之大礼，可是燕王上前一把搀扶住了他，道："先生远来是客，寡人与先生既非君臣，万不可行此大礼。"

乐毅躬身拜手，道："乐毅在赵、魏为臣，于燕也是客臣，自当向大王您行君臣之礼，岂敢以宾客自居！"

燕王道："先生不必过谦。久闻先生盛名，今日一见，足慰平生。先生里边请。"燕王左手挽着乐毅的手，右手做了个请的手势，二人便进了大殿。苏代跟了进去。

进殿之后，燕王西向坐于主位，请乐毅东向坐于宾位，而让苏代南向相陪。乐毅看出，燕王这是以客礼相待，而非以国君宴飨来使之礼对待自己，心中深受感动。

燕王向乐毅介绍道："这位是苏代先生，东周名士，想必乐毅先生早有耳闻了吧。"

苏代起身施礼，道："久闻乐毅先生盛名，今日一睹先生风采，幸何如之！"

乐毅慌忙答礼，道："苏先生声名远播，令人仰慕，不意今日相见，乐毅幸甚！"

燕王举起一杯酒，道："燕国僻陋，无以为奉，敬以薄酒为先生寿！"乐毅连忙举杯回敬。

酒过三巡之后，燕王道："先生莫要嫌弃寡人愚钝，可否请您指点一二？"

乐毅欠身道："乐毅何德何能，蒙大王错爱！久闻大王礼贤下士，燕国贤者云集，在大王治理之下，更是国富民强。乐毅不才，岂敢班门弄斧？"

燕王道："久闻先生熟读兵书，满腹韬略，深谙治国用兵之道，莫非是因为寡人冥顽，不足以受教吗？"

乐毅见燕王确是思贤若渴，求教出于至诚，于是道："大王既执意垂询，客臣斗胆一言，以供圣听。燕国虽小，且僻处北地，然而大王励精图治，如今国富民强，贤才济济，当此天下战国纷扰之际，实在也是大有可为之时啊。以臣之见，十数年前燕国不幸为齐所破，前年权之战又被齐攻占十城，大王之意，其实是要报复强齐，进而争雄天下。可是如此？"

燕王不觉挺身道："先生所言不错，国仇家耻，莫此为甚，寡人未尝一日忘怀！"

乐毅接着说："然而齐之强盛，虎狼之秦犹且吞声忍气，何况我弱燕？以愚见，欲报强齐，内则须继续锐意于富国强兵，日夜操练以自强；外则须联合盟国，能与强齐抗衡者，秦、赵也，若能使秦、赵一力攻齐，不愁齐不破亡。然而此事断非一时一日可成，犹须伺机而动。机会来时，举仁义之师，联合秦、赵，合纵楚、魏、韩、宋，可一举灭齐！"

燕王听了，激动万分，当即道："先生一席话，寡人受益匪浅！燕国之兵，愿委托先生，不知先生肯教之练之否？"

乐毅闻言，大吃一惊，没想到刚见面，燕王就肯将举国之兵交给自己，这是何等地推心置腹！

乐毅起身，正色拜道："承蒙大王信任，乐毅感激涕零！"接着伸手解下腰间的佩玉，一块以云雷纹为地纹、雕有精美的麒麟纹的玉玦，双手捧着，献给燕王，道："大王，臣现有使命在身，请大王权且收下此玦，待我回魏国复命之后，便回来为大王效力。实不相瞒，乐毅这次是主动请命为使，目的就是想来看看能否为大王效命。大王既如此相待，乐毅愿肝脑涂地，唯大王所遣！"

燕王听了十分激动，接过玉玦，郑重收好，道："先生不弃，燕国万幸，燕国百姓万幸！寡人再敬先生一杯！"当日宾主尽欢而散。

苏代随燕昭王送别乐毅后，对燕王道："恭喜大王得一良将！贺喜大王又将得一良臣！"

燕王听了纳闷，问道："先生说'又将得一良臣'，是何意啊？"

苏代道："大王，臣有两位兄弟，二弟苏厉在孟尝君门下；三弟苏秦，昨日来到燕都，今正在舍下歇息。我这三弟苏秦，曾拜鬼谷子先生为师，饱读诗书，才华出众，远在臣及苏厉之上啊。"

燕王喜道："今日真是双喜临门！快请尊弟前来！"燕王又一摆手，道："哦，不！苏秦先生乃饱学大贤，岂可屈尊？待我斋戒沐浴，择吉日前往拜会。"

接着，燕王命人取来玉璧一双、锦帛一束，随苏代回府，向苏秦代为致意，并转告苏秦，请先生好自休养，三日之后燕王将亲自登门拜访。

苏代回来之后，把燕王会见乐毅的经过与苏秦讲了，苏秦深受触动，唏嘘不已，越发感觉自己没有选错，燕昭王真是当世明主。

三日之后，燕王服朝服，驾安车，来苏代府邸拜会苏秦，苏代、苏秦迎接燕王进入府内。

燕王躬身对苏秦说道："先生远自东周惠临下国，寡人不知，有失远迎，还望先生见谅。"

苏秦道："东周鄙野之人，久闻大王高义，故而放下锄头前来，只愿一睹大王风采，今日得见，臣愿足矣。"

燕王道："先生到燕国，何所见，何所闻？"

苏秦笑道："臣至燕郊，虽大雪盖地，而不掩田畴之整齐；进得武阳，虽城小路狭，而百工兴旺，商贾云集，屋舍俨然，街道洁净。由此可知百姓之勤勉，大王治国之有序也。又观大王朝中群臣，人才济济，齐心合力，知大王乃天下之明主也。"

燕王道："先生所谓天下之明主，应是怎样的呢？可否请先生多多赐教？"

苏秦道："所谓明主，应喜闻其过，不愿只听奉承之言。臣请言王之过。齐，天下之强国，而大王与之为仇，是大王之过也。"

燕王动色道："齐毁我社稷，灭我宗庙，杀我百姓，掠我珍宝！是不为仇，将何以为仇！先生请明教寡人。"

苏秦微微一笑，道："请问大王，燕国可敌得过齐国吗？"

燕王面露愧色道："燕非齐之敌。"

苏秦又问："那么大王是今日就要起兵伐齐吗？"

燕王道："燕尚弱小，岂敢今日起兵伐齐！"

苏秦正色道："大王，臣以为若无谋人之心，反而先令人怀疑自己，是要坏事的；有谋人之心，却让对方知晓，是笨拙的；计谋已定而泄露于人，就十分危险了。而今臣听说大王坐卧不安，饮食不甘，一心想报复齐国，您亲自削制甲片，妻子亲自纺织甲线，制成的铠甲已是数量可观，可有此事？"

燕王愠怒道："不错！既然先生已经听闻，寡人也不必隐瞒了。我多年来一直想报仇雪耻，只可惜燕国国小民弱，力有不足。若先生能为寡人报仇，寡人愿举国听命于先生！"

苏秦道："大王国耻家恨，想报仇是可以理解的。然而天下七国，燕为最弱，独自为战，只怕敌不过任何一国；但若要联合任何一国，则此国立刻便成为天下之重心，南联楚则楚重，西和秦则秦重。故而燕国不可独战，而必寻求盟国。再说齐国，齐王乃天下之霸主，然而刚愎自用，南攻楚五年，积蓄散尽；西困秦三载，百姓憔悴，士卒疲弊；北与燕战，虽小有获胜，然而现在又一心想攻占五千乘的劲宋，进而吞并泗上十二诸侯。如果齐王此愿达成，那么齐民之力将被耗尽，哪里是有所获！？俗话说'数战则民劳，久师则兵弊'，说的不就是齐国吗？"

燕王听了，深以为然，可是心中尚有疑虑，道："我听说齐有济水、黄河，可以为险固；长城之墙，钜防之门，足以为要塞。真是如此吗？"

苏秦笑了笑，答道："有违天时，虽然有济水、黄河，何足以为险固？民力穷弊，即便是长城、钜防，何足以为要塞？并且大王是知道的，前些年，齐在济西之地常年驻军，是用以防备赵国的；河北之地常年守备，是用来防范燕国的。而今为攻打宋国，济西、河北的军队大部分已调往南方，说明齐国疲弊已极。骄横之主一定不讲究计谋，而亡国之臣贪图财货，如果大王舍得把心爱的儿子或亲兄弟派遣到齐国作为人质，并送上大量珠宝玉帛贿赂其大臣，他们一定会感激燕国，而且更加集中力量去灭亡宋国，齐若吞宋，必将引起列国震恐。届时大王振臂高呼，是兴仁义之师，而为天下去除残暴也，哪国会不听从？是齐国吞宋之日，即自取灭亡之时也。"

燕王听了，热血沸腾，不觉拍案而起道："先生一言，寡人如拨云见日！是上天以先生赐寡人也！请先生助我灭齐雪耻，我愿举国听命于先生！"

苏秦忙躬身道："苏秦多谢大王抬爱。俗语说得好：'内寇不生，外敌不兴。'我愿亲自为燕国使臣入齐，而大王自外兴兵，如此则齐必亡！"

燕王握住苏秦的手，激动得热泪盈眶，声音微微颤抖着说："先生在上，请受寡人一拜！"

第二天，燕王宣布要拜苏秦为上卿，三日后举

燕王拍案而起：“先生一言，寡人如拨云见日。”

行册命仪式，并请魏使乐毅参加，同时命司空开始为苏秦修建府邸。

三日之后，在武阳宫东南角的祖庙，燕王为苏秦举行了盛大而隆重的册命仪式，正式拜苏秦为上卿。

封拜结束后，燕王左手拉着苏秦，右手挽着乐毅，跪在燕召公及列祖列宗的神位之前，再拜稽首，对祖宗道："列祖列宗在天有灵，不肖孙职（燕昭王名职），赖祖宗护佑，上天垂怜，赐我二贤，助我兴燕；灭齐报仇，为民去残；一统天下，抚定江山。"

燕王拉着二人同车回到武阳宫，身边无人，燕王对苏秦、乐毅道："两位先生同时来到寡人身边，一文一武，真是天降二贤。乐毅将军到魏国复命之后，万望速速赶回，寡人要拜将军为亚卿！"

乐毅道："毅蒙大王厚爱，敢不从命！不知苏秦先生对大王破齐复仇之事有何高见？"

因苏秦对燕王所说，事关国策，故而除燕王及苏氏兄弟，别人是不知道的。当下苏秦又将自己对燕王所说的见解向乐毅述说了一遍。

乐毅听后，不住点头称赞道："苏兄果然高见，毅所不及。前日我与大王交谈，只提出内则自强、外联盟国之策，苏兄见及齐内外弱点，并要亲身入齐为间谍，以促成齐国灭亡之内外契机，胆识勇气俱在乐毅之上，佩服！佩服！"

苏秦忙道："乐兄过谦了，苏秦不敢当。苏秦观天下诸国，秦虽盛强，而残暴尚武，虎狼其性；齐欲灭桀宋，而其自身无非又一桀宋而已；楚已残弱不堪，魏、韩处四战之地，灭亡只是早晚之事。惟燕国有大王这样的明君圣主，大王若果能灭齐复仇，则可兴义兵，诛秦、赵，一统天下，使百姓脱离战乱之苦，安居乐业，海晏河清。若能如此，苏秦虽万死而不辞！"

燕王笑道："哈哈！有两位大贤相助，寡人可无忧矣！"

又过了两日，乐毅便回魏国复命去了。苏秦则与燕王谋划出使齐国之事。燕王决定先派苏秦为使臣去游说齐王进攻宋国，再派自己的亲弟弟襄安君到齐国为人质以获得齐国信任，然后再派兵助齐攻宋。这个三步走的计划如果成功，齐国便会放松对燕国的警惕，进而专心灭宋。以此为由，便可以伺机破坏齐与秦、赵等国的关系，从而使齐处于孤立无援、四面树敌的境地。

出使齐国

　　转眼已是残雪初融，大地回春。这天，燕在齐国的间谍来报告说：齐国发生了一场不大不小的动乱，一名叫田甲的宗室贵族劫持了齐王，幸亏齐王身边一名忠勇之士出其不意杀死了田甲，齐王才摆脱危难。然而秦国、楚国的使者乘机向齐王进谗言，说在齐国人人皆知有薛公孟尝君，不知有齐王。齐王本就怀疑田甲是受了孟尝君指使，听了谗言，更是怒不可遏，盛怒之下竟把孟尝君抓了起来！孟尝君的门客有个名叫冯谖的人向齐王进谏，历数孟尝君及其父靖郭君为齐国立下的赫赫之功，并指出孟尝君若要谋反，是不至于仅用一个小小的田甲来犯难劫王的，请齐王万万不可听信谗言。齐王觉得冯谖所言有理，便释放了孟尝君，然而他与孟尝君之间的矛盾也已无法弥合，故而对孟尝君说："寡人不敢以先王之臣为臣。"孟尝君出奔，逃往魏国去了。

这个消息不啻一声惊雷，燕王听罢，赶紧命人把苏秦和业已从魏国归来的乐毅请来，把此事告诉了二位。

苏秦闻听，笑了笑，道："大王，此乃天赐良机啊。孟尝君离开齐国，且已与齐王产生嫌隙，如今齐王亲自掌权，身边再无人能识破我等之计谋了。臣这便亲自前往，大王等臣消息，随后便可派襄安君前往为质，以安齐王之心。"

燕王道："寡人也是这样想的。一月之后，先生便动身前往，如何？"

苏秦点头，开始准备在一个月之后奉使入齐。

已是草长莺飞的时节，离苏秦出使齐国的日子已经很近了。苏秦的心情很复杂，算来自己的儿子应该已经出生，到现在差不多五个月大了。他写了封信给妻子徐荆，大致上说了说自己在燕国的情形，但没有讲出使齐国为间谍之事。最后，苏秦只感觉有千言万语但又无法说出，他望着窗外开满花朵的一根紫荆枝条，伸手摘了一朵紫荆花，夹在仅写了寥寥数行的木牍上，把信封好，钤上印章，再包了些金银财物，命人送走了。

再过七天，苏秦就要离开燕都，前往齐国了。燕王感觉虽已拜苏秦为上卿，但苏秦的身份仍不足以引起齐王重视，故而召来苏秦，郑重说道："寡人连日来在想，先生虽已是上卿身份，但我还要封先生一个称号。先生既力主以义兵统一天下，我便封先生为武安君，不知先生以为如何？"

苏秦道："多谢大王抬爱！苏秦虽不为名利而来，然有此名号，确实便于行事，苏秦就却之不恭了。"

燕王道："先生不必自谦，'武安君'之称于先生乃实至名归。此外，我还要给先生燕相的名义。虽然先生身不在燕国，不能真正任燕相之职，但这燕相之名，务请先生不要推辞。"

苏秦道："大王的厚意，苏秦没齿不忘！然而……"苏秦略顿了一顿，接着道："大王可曾听闻，去岁秦国免去赵人楼缓之相位，转而任魏冉为相，而魏冉是主张联齐伐宋的，因为他本人早已对宋之陶邑垂涎已久。前不久齐王在驱逐孟尝君之后，又听祝弗之计，驱逐了亲魏的大臣周冣，任命秦人吕礼为相；齐王的这一做法，无异于宣布与魏国关系的破裂，以及向秦主动示好。齐、秦既已和好，秦王便派了自己的好友韩珉赴齐，齐王任以为相。看来，赵主父生前赵、秦、宋的联合破裂了，齐、韩、魏的结盟也瓦解了。如今是秦、齐联合，秦必极力攻取韩、魏之地，齐的目标仍然是宋国，而齐所担心者，无非是赵与燕而已。赵与我比邻而居，自邯郸至武阳，轻骑五日可至，不可不防啊。且灭齐之后，我燕国首要的敌人即是赵国。故而臣这次出使齐国，一是要防止齐伐燕，二是要破坏齐、赵之交。虽然齐、秦联合于我不利，但为今之计，暂时只好借此破坏齐、赵之交，进而促成齐国伐宋。齐若吞宋，秦便绝不会再听任齐国坐大了。"

燕王道："先生所言，鞭辟入里！寡人将以一百五十乘马车送先生！"

苏秦道："大王，臣还有一事相告，请大王定夺。"

"先生请讲。"

"臣入齐之后，定当极力促成齐王攻宋之事。臣之所以受齐王重视，是因为背后有燕，故而臣想请大王准备两万甲兵，自备粮草，将来助齐攻宋。"

燕王沉吟道："如此，是否太过了？"

苏秦躬身道："大王，兵法云：'将欲弱之，必固强之；将欲废之，必固兴之；将欲取之，必固与之。'齐本与我有仇，时刻提防于我，不如此，齐王岂肯信我？唯有如此，方能促其伐宋，方能疲之弱之，进而取之灭之啊！"

燕王道："好！寡人就依先生。先生走后，寡人马上命人准备，随时听候先生的消息。先生若能在齐五年，寡人便可积蓄力量，扫灭齐国，报仇雪耻！"

苏秦道："大王，此事万万急不得，依臣之见，十年也许可行。"

"好！君子报仇，十年不晚，十年就十年！"

当日，苏秦又修书一封，命人快马送至齐国，递到齐王手中。信是这样写的：

> 燕国上卿、武安君、燕相臣苏秦再拜圣主明君齐王足下：臣久慕大王盛名，愿入齐而一见大王者有日矣。今有某国想联合魏、燕及宋之师，以图谋齐国，臣强争之于燕王，燕王故遣臣赴齐，以布腹心于足下。
>
> 臣听说管子有请于桓公者，桓公无不听允。臣以为大王之贤远胜桓公，即便如此，臣也不敢有所妄求。然而，若大王真能重视微臣，那么天下人一定会说：燕国不答应某国，又命苏秦出使于齐，是齐王仁贤所致也。若大王能显贵重用微臣，命齐相韩珉相迎，待以诸侯之礼，则臣将以百五十乘之驾入齐。如果大王以为臣乃无用之人，则臣将以五十乘前来。
>
> 惟臣以为大王贤圣，故敢以闻。惟大王裁之。

苏秦出使齐国的这天，燕王亲自来送行。祖道之后，燕王道："先生就要去齐国了。寡人与先生虽万难割舍，然而成大业者岂可儿女情长！先生此番赴齐，可还有什么话要与寡人讲吗？"

苏秦沉思片刻，抬头道："大王，假如臣孝如曾参，信如尾生，廉如伯夷，就算有人污蔑臣，臣可以毫无愧色了吧？"

燕王道："自然可以。"

苏秦道："若臣有此三种德行以事奉大王，大王以为足够吗？"

燕王道："自然足够。"

苏秦皱了皱眉，道："大王若以为足够，则臣就不事奉大王了。我将归耕于东周，自己亲自耕种而食，妻子亲自织布而衣也就是了。"

燕王纳闷道："先生何出此言？"

苏秦回答道："孝如曾参，就不会离亲远游，是无益于国家的；信如尾生，只是不欺人而已，也不会对国家有益；廉如伯夷，则不过不窃人财物，对国家又有何益？臣以为拘拘于信义，个人便无法做到'仁'，国家便无法做到'王'。"

燕王更加不理解了，问道："难道信义不可为吗？"

苏秦答道："谁说不可？人无信则无法通行于人间，国无义则无法立足于列国。然而信义可以自为，却不可以为人；是保守之术，而非进取之道。夏、商、周三王相继，齐桓、晋文等五霸相续，都靠的是不守故常。如果株守故常就可称王，那么天下便会一成不变，如何会有今日之局？臣乃进取之臣，不想事奉无为之主。若大王如此，臣愿辞别您回到洛阳，躬耕于陇亩，免得以臣之忠信得罪于大王。"

燕王怪道："忠信又何罪之有呢？"

苏秦道："大王不知啊！臣的邻居也像臣一样离家为吏，他的妻子与别人私通，丈夫快要回来了，与其妻私通者十分担忧。他的妻子就说：'你不必担忧，我早已准备好毒酒了！'两天之后，丈夫回来了，妻子让侍妾端酒来献给丈夫。侍妾知道这是毒酒，献上去就会杀死主人，揭露出来又会导致主母被休弃，故而她假装一时头晕把酒杯掉在了地上。主人大怒，鞭打了她。侍妾一时头晕丢掉酒杯，上则救了主人，下则保全了主母，忠信如此但不免于遭鞭打，这就是以忠信得罪啊！"

苏秦轻轻叹了口气，接着道："大王，如今臣要为您出使于齐国了，惟恐忠信之心不明于大王左右之群臣啊！臣听说：'万乘之主，是不受制于人臣的；十乘之家，是不受制于众人的；即使匹夫徒步之人，也不受制于妻妾。'何况大王是当世之贤主呢？臣告辞了！希望大王莫要受制于群臣！"

苏秦说完，冲燕王再拜稽首，然后转身，登车，不觉泪下沾轼！

车御挥鞭驱马，驷马奋蹄扬鬣，一百五十辆车浩浩荡荡，疾驰而去。燕王望着慢慢消散的滚滚烟尘，渐渐明白了苏秦这番话的用意。

齐湣王早已接到苏秦的书信。手执书信，齐王心中暗喜：我之所以绝魏交秦，目的无非是想把韩、魏舍弃给秦国，一来可假秦之手对付孟尝君，二来得以换得秦不干涉我对宋的进攻。然而除了秦，在齐国北方，燕、赵二国一直是宿敌，虎视眈眈。孟尝君跑到魏国后，魏昭王即任其为相，他为了报复我，便与赵将韩徐为勾结，现在又去拉拢燕昭王，图谋联合进攻齐国，苏秦所云"今有某国想联合魏、燕及宋之师，以图谋齐国"，显然指此！

只不过燕国对近在咫尺的赵国更为忌惮，故以"某国"暗指赵，其实事情的主使者就是现为魏相的孟尝君！可恶的家伙，早知如此，我当初就该杀掉他！如今燕王派武安君苏秦前来交好，真是天佑我大齐！

思及此，齐王果断下令，洒扫街道、整治馆驿，并命韩珉准备好，要以诸侯之礼的最高规格来接待苏秦。

七日之后，谷雨。清晨，韩珉率领千余名兵士，列好仪仗，在临淄城的正北门高闱之外，静候苏秦的到来。昨夜恰好下了一场小雨，东面不远处，薄雾蒙蒙，淄河泛着桃花水，时时飞起三两只野鸭。

过了好一阵，韩珉远远望见北方一队车辆，排了足有二里长，每辆车皆驷马并辔，战马都是膘肥体壮，昂首阔步，銮铃清扬，缓缓驶来。韩珉不禁心中暗道：好大的气派！

车队走近，韩珉照齐王的吩咐，赶紧上前，高声喊道："来者可是武安君苏子苏秦先生吗？"

苏秦端坐在第一辆车中间，扶着车轼欠身打量

韩珉远远望见北方一队车辆，排了足有二里长。

了一下，朗声道："在下正是苏秦。敢问足下可是齐相韩珉吗？"

韩珉道："正是在下。我奉齐王之命，在此恭候苏君大驾多时了。请允许在下为足下带路。"

言罢，韩珉来到苏秦车前，示意车御下来，自己上了车，竟亲自为苏秦驾车！但他并没有往东直奔齐王所在的雪宫，而是故意在城中绕圈子，目的是让苏秦见识一下齐都临淄的繁华。

一边走，韩珉一边问苏秦道："苏君来我大齐修好，我王甚是欣慰。请问苏君，当今天下，何国最强？"

苏秦笑道："韩君乃明白人，何故明知故问？当今天下，战国有七，齐、秦最强，赵国次之，楚、魏又次之，韩、燕最弱，其余不足数也。"

韩珉也笑了笑，道："苏君所言不错！愚以为，今日能伤齐者，必是赵国。秦虽强，终究不能出塞越河，隔绝中原来攻齐；其余各国，楚、越远，宋、鲁弱，燕已亲顺，韩、魏有秦患，皆不足虑也。故曰：伤齐者，必赵也。"

苏秦闻言，正中下怀，自己来齐国的一个重要目的，就是离间齐、赵之交。然而他故意怒形于色道："韩君无须多虑！请为君劫之！只要君能让齐重用苏秦，苏秦将以燕国追随齐国，齐、燕合而为一，韩、魏必会屈从，赵若不顺，则伐之耳！苏秦行前，燕王已许诺，愿委质于齐，并助齐攻宋。"

韩珉点头道："苏君一片赤诚，我定当如实禀报大王。你我同心，齐、燕合力，天下之事，无不如意！哈哈！"

说话间，车已停在了雪宫门前。

齐王亲自出门迎接，同样令苏秦大为吃惊。但他脸上却不动声色，对齐王不卑不亢，彬彬有礼。

进殿入座之后，齐王问道："先生远来，至我临淄，何所闻见？"

苏秦昂首道："大王，臣之所见，临淄极富，百姓殷实，街巷之中，人们鼓瑟吹竽，击筑弹琴，斗鸡走狗，六博蹴鞠，自在游乐，趾高气扬。人群之众，车毂相击，人肩相摩，连衽成帷，举袂成幕，挥汗成雨。常听人言，齐国泱泱乎有大国之风，今日一见，果然不虚啊！"

"不仅如此，齐国南有泰山，东有琅邪，西有清河，北有渤海，真所谓四面皆有要塞之国也！齐国地方二千里，粮食堆积如丘山，带甲数十万，战车优良，兵士精壮，疾驰如飞箭，合战如雷电，退散如风雨。就算发生突然战事，不必招兵于泰山之外，清河之滨，渤海之涯，就在临淄城中，据臣猜测，已超过七万户，最少每户也有三名男子，三七二十一万，不必到偏远的县邑去征兵，而临淄之士卒，就已经有二十一万了。以大王之贤与齐之强，天下何国可敌？！但是……"

苏秦说得激昂慷慨、吐沫横飞，齐王正听得入神，突然听到一句"但是"，顿时愣了愣，惊讶地望着苏秦，等待下文。

苏秦朝齐王扫了一眼，接着说道："如今齐国却连一个小小的宋国都久攻不下，反而还要受制于区区赵国。臣真替大王感到羞愧啊！"

齐王脸色顿时变得极为难看，怒道："哼！宋国早已是我囊中之物，这是任谁都无法阻挡的！"

苏秦不觉笑道："大王莫怒。依微臣之见，而今对齐威胁最大者，魏与赵也。魏任孟尝君为相，田文不念旧恩，不顾祖宗宗庙，不仅与齐争宋，还联合赵将韩徐为，欲以伐齐。然而请大王放心，臣已力劝燕王，燕、齐永结盟好，勠力同心。既然大王对燕既往不咎，燕王固当听命于大王；且燕自知不能独力抵挡赵国，燕、齐交好，赵若侵燕，大王自然不会坐视不管；而赵若伐齐，燕王也一定会从后面攻赵。如此一来，大王还有什么后顾之忧呢？"

齐王大喜道："甚好！先生若能联合燕、齐，寡人便发兵灭宋，一鼓可定！只是……"齐王略加沉吟，道："燕王可是真心与我和好？过去……"

苏秦笑道："这点大王尽可放心。过去两国虽小有龃龉，然而既已过去了，还提它作甚？两国皆是明君贤王，自当携手言欢，并力前行才是。您说，臣说得对吗？"

齐王道："哦，呵呵，那是，那是。先生所言极是！"

苏秦又道："为表诚意，臣临行时燕王命臣向大王承诺，只要大王答应燕、齐交好结盟，燕王愿遣其弟襄安君前来齐国为质。"

齐王闻言，一下子放心了，拍手大笑道："哈哈！好！难得燕王一片至诚。苏君即刻便可写信给燕王，寡人愿与燕王永结盟好！另外，苏君于此厥功至伟，寡人便封苏君为客卿，并赐甲第一处，黄金五百斤！"

苏秦赶忙抱拳躬身，道："多谢大王！"

离开雪宫，苏秦被送至宫城北边约二里的一处最奢华的馆驿。当晚苏秦便修书一封，把来临淄的大致经过告知燕王，并请燕王尽早派襄安君赴齐。

助齐伐宋

燕王接到苏秦来信，喜出望外，召来襄安君，命他即刻准备，择吉日前往齐国。

事情出乎意料地顺利。襄安君抵达齐国后，向齐王献上燕王的亲笔信，并奉上玉璧十双、锦帛五千匹、骏马三百乘、歌姬一百名，称愿与齐国永结盟好，并愿惟齐王之所好是好，惟齐王之命是听。

齐王心花怒放，盛情款待襄安君，并把他奉为上宾。当然，齐王对燕国还不是十分放心，对襄安君虽待若上宾，但既为人质，襄安君的一举一动，莫不在齐王的监视之下。就连襄安君写信向燕王汇报在齐国的情况，齐王都要亲自过目，然后信件才允许发出。

就在苏秦出使齐国之时，秦国既已与齐和好，便肆无忌惮地发动了对韩国的进攻。秦昭王派向寿攻取了武始，同时命白起进攻新城。在秦军强大的攻势之下，韩国极度惶恐。尤其是新城被围——作为保护伊阙的堡垒，新城也是通往新郑的门户所在——令韩王震恐万分，连忙向魏国求救。魏王深知韩、魏唇齿相依，魏相孟尝君也力主救韩，于是派了大将犀武（公孙喜）率精兵二十万，会同东周军二万，前往伊阙，与韩军共同对抗秦军。

苏秦认为这样的形势是有利于促成齐国伐宋的。他面见齐王，陈述自己的看法："大王，秦与齐修好，无非是想避免彼此为敌，各弃所友，而各取所需。秦宁愿舍弃其旧盟宋国，去攻打韩、魏；齐则不再与韩、魏为友，而专攻宋国。眼下秦已发兵攻韩，不仅拿下了武始，还围住了新城，眼见得就要攻破伊阙。可大王还在举棋不定、犹豫不决，难道是在等宋国自己投降吗？"

"呵呵，"齐王尴尬地笑了笑道，"先生有所不知。一来如今正值盛夏，暑热难当，非征战之时；二来嘛，寡人听闻田文与赵将韩徐为勾结，一直在谋划攻齐，据说他们又跑到燕国游说燕王。所以，我若攻宋，燕、赵在后，魏国虎视于旁，不可不防啊！看来，这燕王的态度，似乎并非如先生所言啊。"

苏秦闻言，暗道："这齐王狡猾得很！燕王难道接受了孟尝君和韩徐为的意见？看来，我得回一趟燕国了。"

苏秦忙道："大王不必忧虑！臣以为大王考虑暑夏不宜发兵，乃是体恤臣民百姓的仁厚之举；待秋收之后，发义兵，灭桀宋，仁义布于天下，何国不服！至于燕国，大王更加不用疑虑，臣请求大王准许微臣赴燕国，定当赶走魏、赵之使，并力劝燕王发兵襄助大王攻宋！"

齐王喜道："如此甚好！便请先生辛苦一趟吧。"

苏秦不知道燕王究竟是何态度，故而急急忙忙从齐国赶回，来见燕王。

见到燕王之后，苏秦道："大王，臣在齐国已成功游说齐王，眼见得他就要发兵攻宋，可赵、魏使臣一到燕国，他又犹豫起来。敢问大王，您因何接待赵、魏使臣？岂不是徒然让齐王生疑吗？"

燕王道："先生，凡事不可操之过急。即便寡人不接待赵、魏之使，也难保齐王不生疑心。毕竟，齐国曾一度破燕，而过去十八年来，我一心复兴大燕、报仇雪耻，天下人尽皆知，齐王岂会因先生一席话就完全放松警惕？"

苏秦恍然道："哦。大王之意，莫不是欲擒故纵？要与齐王来几次反复，以逐渐坚定齐王对燕的信任吗？"

燕王笑道："先生是聪明人，这点伎俩如何瞒得过先生？"

苏秦也笑了，道："大王卓见，非愚臣所及。臣一心只想促成齐国攻宋之局，倒是疏忽了揣摩齐王的疑燕之心，若非大王英明，岂不误了大事！"

燕王道："先生不必自责。先生在齐为间谍，身处险境，凡事皆须谨慎。"

苏秦道："多谢大王关怀！臣以为大王便可准备两万精兵，并自备粮草，待秋来齐国攻宋之时，即可前往助之。臣想在燕国稍住些时日，反正现今齐王也不会发兵，多留几日，以见臣劝说大王之不易。待臣回到齐国，定要送一份大礼给大王！"

"哦？是何大礼？"燕王不觉好奇道。

苏秦神秘地笑道："大王，三年前齐国在权之战中抢走的十座城邑，臣要让他全部归还！"

燕王抬头望着南方的天空，手捻须髯，道："先生可见机行事，为大事者不急在一时，那十座城邑，权且寄存于齐人手中亦无不可。"

苏秦道："大王放心。臣是从大王接待赵、魏使臣一事得到启发的，既然我燕国已做出诸多利于齐国之事，齐国无论如何也应有所回馈，否则如何可见交好的诚意呢？"

燕王笑道："先生所言也对。先生一路车马劳顿，就好好歇息几日吧。"

苏秦在武阳一直住了一个多月，天气渐渐转凉，才劝燕王把赵、魏之使打发走，自己也命人驾了车，优哉游哉地赶往临淄。

见了齐王，苏秦笑呵呵地道："恭喜大王！贺喜大王！"

齐王有点摸不着头脑，道："先生，寡人何喜之有啊？"

苏秦道："大王，臣到燕国之后，向燕王反复诉说利害，说赵国过去多次侵伐燕国，且当今掌权者奉阳君李兑诛杀公子章，饿死主父，乃天下第一残忍之人；魏相孟尝君田文，前者专权于齐，今者不顾宗庙社稷，一心引狼入室，先私仇而不顾公愤，乃十足之小人也！燕王如何能与此等人为伍？且齐王，天下之明君也，正要兴义兵而伐逆乱，燕理当助齐，先伐宋，再讨赵、魏！燕王权衡利弊，深明大义，已然将赵、魏使臣赶走，并保证在齐伐宋时派军两万，听从大王您的调遣。"

齐王听了哈哈大笑道："苏君真是最了解寡人之心了！如今已是秋季，寡人正命触子将军训练士卒，再过一个月，便可兵发桀宋，为民去残除害！"

齐王说得大义凛然，几乎连他自己都要被感动了。

苏秦心中暗笑，但脸上却表现出十分赞同的毅然之色，道："大王圣明！不过，微臣有一事想提醒大王。"

齐王道："苏君请讲！"

苏秦道："如今齐、燕交好，燕王先是派臣前来事奉大王，又派来襄安君做人质，现在又拒绝了赵、魏联合攻齐的请求，且许诺派兵前来相助攻宋，可谓诚心布于天下，燕之事齐，可谓竭尽心力了。然而齐国不仅在二十年前曾一度攻破燕国，三年前还曾侵伐燕国并占据十座城邑，如今尚且有重兵驻守在这些城邑及齐、燕边境。燕王一度犹豫，并接待了赵、魏使臣，不正因此吗？"

齐王沉吟道："苏君所言极是。然而，寡人当如何做，才可赢得燕王信任？"

苏秦道："大王，所谓礼尚往来，既然燕王如此尽心对我，我也当有所回报才是。以臣之见，大王莫如把所占城邑还给燕国。"

齐王低头犹豫道："这……这是不是太重了？那可是十座城邑啊。"

苏秦道："大王，虽然十座城邑不是个小数目，但若大王舍得这十座城，燕国必甘心俯首听命于大王，那可是能换来五十多座城的效忠啊！再说，这十座城原本就属于燕国，以原本不是自己的东西换来整个燕国，大王何乐而不为呢？"

齐王咬咬牙，道："也罢！寡人不日便命人将那十城之军撤出，把十城还与燕国！"

苏秦道："大王圣明！臣这便修书，请燕王准备派兵前来，助大王攻宋。"

不久，齐国果然把十座城邑转交给了燕国，燕王十分高兴。但齐王仍没有完全放松警惕，在齐、燕边境仍保留了数万驻军。

一个月之后，齐王命名将触子率领十余万大军，连同燕王派来的燕将张魁率领的两万精兵，浩浩荡荡杀奔宋国而去。

宋王偃早就知道齐国要来攻打自己，他不仅把宋国军队都集结于宋、齐边境的方与一带，要求宋军誓死抵抗；宋王居然还向魏国发出了求救的请求，魏军五万余人已驻扎在离定陶不远的煮枣，随时待命。

触子率军到达方与城下，与宋军隔菏水相持。

方与城池高大坚固，又有菏水在北，其实并不易攻取。触子观察了两日，决定先让燕军探探虚实，便命张魁从菏水上游约十里处偷渡，然后以烽火发出信号，燕、齐之军从西、北两面同时进攻。

哪知宋军早有防备，未等张魁军队悉数登岸，宋军一队人马突然由右面密林中冲出，杀了张魁一个措手不及，损失数千人。

张魁好不容易率领残兵败将回到大本营，见了触子，述说了遇袭之情。触子吃了一惊，没料到宋军如此难对付，难怪宋王偃能够攻下魏国两城，夺取楚国淮北之地二百里，灭掉滕国，居然还敢攻占齐国五座城池！看来必须小心谨慎，否则极易吃败仗啊。触子心中打好了持久战的算盘。

很快便秋去冬来，接着又冬去春来，齐军居然连一座方与城都没能拿下。齐王有些沉不住气了，据派到赵国的细作来报，赵将韩徐为见无法劝动燕王，便决定与孟尝君一起发动赵、魏之兵突袭齐国的西北边境。

齐王有些急了，便派了亲信公玉丹携带一大堆礼物以及自己的亲笔信，赶赴赵国面见奉阳君李兑。

公玉丹见了李兑，呈上齐王的信和送来的礼单。李兑看罢来信以及礼单上列的众多金银珠宝，心中大悦，赶忙请公玉丹分宾主落座。原来，信中大意是说，若李兑答应阻止韩徐为与齐为敌，不干涉齐国对宋用兵，那么，齐国在攻灭宋国之后，愿献上宋国的蒙城作为奉阳君的汤沐邑。一来李兑早就垂涎于宋国，他更想得到的是定陶，但他也知道定陶富足，齐国、魏国，甚至秦国的穰侯魏冉都想得到这块肥肉，自己的美梦是不易实现的，能获得蒙城就很不错了；二来李兑与韩徐为之间不睦已久，借这个机会打击政敌的同时，还可卖给齐国一个大大的人情，真是一举两得，何乐不为呢？

李兑笑呵呵地对公玉丹道："公玉先生远道而来，可能只知道韩徐为要对齐兴兵，还不知道其中还有燕国的问题吧？"

公玉丹赶紧欠身答道："回大人，小人在来之前，我家大王已经听说韩徐为曾联合孟尝君派人去游说燕王，幸得苏秦先生规劝，燕王未曾听信他们的谗言。"

李兑道："不过我还是要奉劝齐王，对燕王与苏秦，不可过于信任，别忘了，齐、燕之间可以说是有破国灭家之仇，不共戴天啊。"

公玉丹连忙露出一副谄媚的样子，笑嘻嘻地道："大人明见，小人回国一定转告我家大王，并好好劝劝他，燕王不可信，那个油嘴滑舌的苏秦更不可信！"

就这样，齐王得到了李兑的承诺，对赵国算是稍稍放下心来。但他对攻宋的毫无进展依然十分恼火，打了大半年，空耗许多粮草，现在连向百姓征收点粮草都十分困难了。齐王打算亲往前线，看看究竟是怎么回事。

苏秦得知齐王收买了李兑，齐、赵关系有和好的可能，而攻宋之战又无进展，心中也有点焦急，便决定去找燕王、乐毅等人商量一下对策。故而苏秦向齐王提出，自己想到燕国看能否催办些粮草，以解攻宋之战的燃眉之急，齐王很爽快地便答应了。

苏秦见了燕王，把齐、宋胶着的战况以及齐王收买李兑之事讲述了一遍。燕王听完，自己没有表态，而是问苏秦道："先生对此有何看法？"

苏秦道："臣以为，齐、宋之战，无论胜败，对我皆是有利的，现在胜负难决，耗其国力，对我更是好事。但若赵国与齐和好，则对我大为不利。"

燕王转头问乐毅道："乐将军以为如何？"

乐毅躬身答道："大王，臣以为苏秦先生所言甚是。齐、赵两国历来与我为仇，两家和好对我自然不利。但微臣还以为，列国之间，不会长和好，也不会久为仇。一时和好，也不必深以为意，就如齐、秦之间，前两年还打得不可开交，如今却交好了。若两国不交好，恐怕齐国也难以如此放心大胆地去进攻宋国。"

燕王道："两位爱卿所言皆是。寡人以为，苏君可休息数日，待回到齐国，可见机行事，能破坏齐、赵之交最好，若不能也就不要强求，凡事以安全为上。"

苏秦道："大王放心。据臣观察，齐王其人，贪而多欲，只要稍加劝导，他定会不舍得兑现对李兑的承诺的。"

苏秦还在燕国等候粮草的征集，就在此时，突然传来一个惊人的消息：张魁被齐王斩首了！

得知此事之后，燕王盛怒，大臣田伐与将军参去疾力主伐齐。于是燕王大集文武百官，涕泣哽咽，咬牙发恨道："无道之齐王！我尽心事奉他，反而斩杀我的使臣！今日便发兵攻之，诸臣都不要再劝寡人了！"

发兵的命令已经下达，苏秦进见，道："我愿为贤主之臣，现在发现大王非贤主，故而今日请辞，从此不再为大王之臣。"

燕王惊讶道："先生这是何意？"

苏秦仰面答道："当初子之之乱，先王弃群臣而死难。大王今日满怀痛苦而事奉齐国，不就是因为力量不足、无法与之抗衡吗？现在张魁被杀，大王盛怒之下就要去攻打齐国。大王为报先王之仇可以忍辱负重，但不能忍受张魁之死，可见在先王、张魁二者之间，大王更看重张魁。贤主会如此吗？"

燕王听了，一时哑口无言，不知该如何回答。最后，燕王长叹一声，道："唉！先生指责得对。然而寡人应该怎么做呢？"

苏秦道："大王应该缟素丧服，避居到郊外，然后派一介使臣，赴临淄告罪于齐王说：'这一切都是寡人的罪过。大王是贤君，怎么会杀死诸侯之使臣呢？然而燕国的使臣独独被杀，乃是我下国择人不慎之过，希望大王给我机会重新选择一位使臣，以改过赎罪。'"

燕王道："若非先生，寡人几乎铸成大错。请先生受寡人一拜！"

苏秦连忙扶住燕王的双臂，道："大王言重了。其实这次张魁被杀，一定程度上是齐王迁怒于人所致。据说张魁因偷渡菏水未成，心中已有不满，齐王到后，又令他为前锋攻城，张魁便有怨言，才招致齐王杀害。由此看来，齐王对攻宋的僵持之局已无法承受。在此局面下，莫如劝齐王暂停攻宋，进而挑起齐、赵之间的矛盾，使之相攻。"

燕王道："无论如何，不可让齐国有喘息之机。然而这出使齐国之事，还须烦劳先生啊。"

苏秦摇了摇头，道："大王，齐王已经斩杀张魁，攻宋之战不利，正在烦怒之时，此时前往，微臣怕有去无回啊。"其实苏秦是希望燕王知道，出使齐国无异于虎口拔牙，随时都有性命之忧，所以他没有答应燕王。

回到自己府中，苏秦深知燕王身边臣子众多，难保自己到齐国后不会有各种谗言，三人成虎，人言可畏啊。如何能令燕王对自己深信不疑，当然是灭齐兴燕、成就大业的关键，所以，苏秦对此一直深以为虑。

第二天，燕王便派了幸臣盛庆到苏秦府上致意，务请苏秦再赴齐国。盛庆来了三次，苏秦这才答应下来。

苏秦带着燕王向齐王谢罪的礼物，来到齐国。

朝见齐王时，齐王正在雪宫饮酒作乐，左赵姬，右楚女，厅堂上歌舞升平。苏秦跪在阶上向齐王大声高呼："大王在上，燕国使臣苏秦叩见大王！"连喊了三遍，齐王就像没看见他一样，任由苏秦在下面跪着。苏秦知道，齐王这是故意要羞辱燕国，要让燕国知道，自己无论怎样做，你都不能反抗。苏秦匍匐在地，故意装出一副卑贱屈服的样子，心里道："你想要什么，我且都满足你就是。"

过了好大一会儿，歌舞暂时告一段落，齐王这才仿佛刚刚发现苏秦似的，揉揉眼睛道："哎呀！下面可是苏秦先生吗？来了怎么跪在那里，快快请

齐王揉揉眼睛，道："哎呀！下面可是苏秦先生吗？"

坐！"接着一挥手，歌舞伎女都退了下去。

苏秦并未起身就座，而是赶紧膝行向前，道："多谢大王！大王，臣这次前来，是作为燕王使臣，专门来向大王谢罪的。燕王命臣禀告大王：'寡人择人不善，得罪了大王。大王乃世之明君，是赏罚分明的，寡人不敢求大王赦宥，缟素而处于燕郊，战战栗栗，等候大王发落。'"

齐王对燕王的这个态度还是很满意的，笑了笑，不紧不慢地摆摆手，道："算了，算了。齐、燕既已交好，寡人也不过是替燕王管束一下无礼的臣下罢了。苏君还是起来吧。"

苏秦对齐王道："大王圣明，微臣替燕王谢过大王。"然后起来就座，接着道："大王，不知现在伐宋战事如何？"

齐王道："没想到宋军如此顽固，打了大半年，仍然毫无进展。但是我已与赵国奉阳君达成协议，他保证不会干涉此事，所以我准备加派兵力，一定要打下方与城！"

苏秦道："大王，臣听说魏国早已派兵至煮枣，随时可能插手此事；而楚国也已陈兵郯城，其来意不问可知，大概是想乘机收复宋国所抢占的淮北之地。如果我方失利，魏、楚极可能趁火打劫，他们派兵前来而又按兵不动，无非是坐山观虎斗，企图坐收渔利而已。"

齐王见苏秦对前方战事竟然洞若观火，也就不好隐瞒，只得说道："苏君分析得不错，寡人现在也有点举棋不定。请问苏君，你认为眼下寡人应作何决断？"

苏秦道："大王，还有一事似乎也对我不利，就是秦将白起已经攻下伊阙，擒杀了魏国名将犀武，且诛杀韩、魏联军二十四万！秦军乘胜，连拔五城，已跨过黄河，取得了韩国在安邑以东至乾河之地。而今韩、魏、周不惜割地，皆欲讲和于秦。大王难道不觉得秦才是齐得天下最大之障碍吗？"

齐王听了，点点头道："苏君言之有理，早晚齐、秦之间，必有一战。可是，现在韩珉还任齐相，而寡人也已答应李兑，攻下宋之后要把蒙送给他的。"

苏秦笑了笑，道："大王乃一国之君，想任谁为相，还不是您说了算吗？既然宋国非一时可灭，魏、楚又虎视于旁；而赵国韩徐为与孟尝君一直想联合攻齐，李兑又想不劳而获。如此形势之下，以臣愚见，莫如先停止伐宋，与其讲和，逼其割地，宋必听命于大王矣；大王可再召魏臣周㝡为相，促成齐与魏、韩的再度联合，若能拉拢楚国合纵更好。如此，则韩、魏、楚、燕、宋，与齐便成六国合纵之势，连兵讨秦，这就是为天下除暴了。至于赵国，除了秦国，臣以为齐之劲敌就是它了，既已与宋讲和，所许李兑之蒙自然不能作数，我有六国之兵，他又能奈我何呢？"

齐王哈哈大笑，道："寡人正在为伐宋无功发愁，苏秦先生一来，就解了寡人之忧，好！"

苏秦道："大王讲和于宋，不可空口去谈，可再发兵五万，将方与围困，逼宋割地讲和。"

齐王道："先生妙计！"

当时便点兵五万，派将军赵信率领，开赴前线，把方与小城围了个水泄不通。

两个月后，宋王被齐国的攻势吓倒了，主动派出使臣，称愿割淮北地三百里与齐媾和，并请齐王派遣大臣前往宋国任相。

对于这样的条件，齐王还是很满意的，但他还是摆出一副施舍的不情愿，装模作样地对宋使数说了一番，然后才装作勉强同意的样子，接受了宋国讲和的条件。

在赵被囚

齐王委派了大臣田桥前往宋国任相，算是把宋国控制在了手中；接着命赵信接收了淮北之地；然后又命人前往魏国，称愿与魏国重新修好，并请魏臣周冣再任齐相。

一切布置完毕，苏秦便对齐王说："大王，眼看又是冬去春来，请大王派人先联络各国，准备合纵伐秦之事。臣想返回燕国，一来向燕王复命，二来请燕王速速准备兵、粮，以随时听候大王调遣。"

齐王同意了苏秦的请求，苏秦便回燕国去了。

然而苏秦给齐王打的如意算盘却不是一帆风顺的。赵信接收了宋国的淮北之地后，楚王心中不甘，便使人在边境上挑衅，赵信军杀死了两名楚兵，楚王以此为借口，发兵攻赵信。

消息传至临淄，齐王有点举棋不定了，不知是该与楚对抗，还是暂时隐忍。最后，齐王还是决定，不但隐忍，而且要向楚国作出一定让步。他一面命宋王集结兵力，协同齐军屯驻于淮北；一面命人前往淮北代替赵信，并诛杀赵信，以便与楚王讲和。

与此同时，韩国、魏国因受秦进攻，丧失大片土地，韩派成阳君前往秦国求和，差不多是俯首称臣了；魏王虽然有了齐国做后盾，但因与齐有争夺宋地的矛盾，心中仍不踏实，便开始谋划与赵结盟。

苏秦回到燕国之后，燕王听了他的汇报，感慨道："世事纷乱，瞬息万变，真是不易应对啊！"

苏秦道："大王不必忧虑，前者，臣早已与大王有所计议。所谓万变不离其宗，对付齐国，就是要促成齐国灭宋之局，同时破坏齐与赵、秦之邦交，再造成列国联合伐齐之局，则大事可成。如今齐与秦眼看就要兵戎相见了，臣想去一趟赵国，赵将韩徐为素来想联合魏、燕以攻齐，而李兑则主张联齐伐秦。故臣愿赴赵，借齐无法兑现给奉阳君蒙邑的承诺之机，劝导李兑与齐为敌。"

燕王道："李兑若能转变，自然是好事。可是李、韩等人皆知你为寡人出使齐国，他们会不会对先生不利啊？"

苏秦道："大王不必多虑。两国交兵，尚且不斩来使，何况燕、赵并无战事，作为燕国使臣，想来他们不会把我怎么样的。即使有什么不测，也只会令齐国更加信任燕国而仇视赵国，虽有风险，臣不怕！"

燕王见苏秦一再坚持，只得道："寡人觉得先生此去十分凶险，寡人派盛庆、韩山二人随先生同往，万事多加谨慎吧。"

两个月后，春光无限，苏秦与燕王的两位亲信盛庆、韩山一起赶往邯郸。

这次来赵国，苏秦心中也一直忐忑不安，然而越是担心什么，什么就真的来了。在朝见赵王、递交国书之时，苏秦便发现朝堂上不仅李兑一方对自己怒目而视，韩徐为、廉颇等大将也是冷眼相向。

苏秦想，既然韩徐为有意联燕伐齐，我何不先去拜会一下他，一探虚实？

第二天，苏秦来到韩府，韩徐为命人把苏秦带进府中。因为苏秦曾阻止韩徐为与孟尝君联燕伐齐，所以韩徐为的态度十分冷淡。

苏秦并不以为意，笑呵呵地说道："将军信义著于四海，苏秦今日特来拜见！"说完一躬到地。

韩徐为勉强还礼，道："素闻先生之名，人人皆言苏子乃无信之人，不知今日驾临敝舍，有何贵干？"

苏秦笑道："将军说我是无信之人，有何凭据？"

韩徐为道："哼！有人对奉阳君说过：'使齐国不信赵国的，是苏子；使齐王召回触子不再伐宋的，是苏子；与齐王阴谋想联合秦国讨伐赵国的，也是苏子；使齐国派甲士困住赵国质子的，还是苏子！'这还不是无信吗？！让我告诉你真相吧，齐国若果真派甲士围困赵国人质，奉阳君一定也会派甲士围困苏子！"

苏秦闻言，不觉冷汗直冒。离开韩府，回至馆驿，他便催促盛庆、韩山，赶紧收拾行囊，准备回国。

正当苏秦等收拾停当、准备出门之际，就听馆驿门外一阵喧哗，接着便闯进两人，一身戎装，手执利剑，见了苏秦，冷声道："看样子苏秦先生是想不辞而别吧？我是朱讙，这位是赵足，我们奉了相国奉阳君之命，前来保护先生，请苏先生安安稳稳地住在馆驿之中，没什么事不要随便出门。"

苏秦闻听，手中拿着的马鞭"啪嗒"一声掉在了地上。他什么也没说，默默地转身回了屋里。

一连五天，既没有人来馆驿，苏秦他们也没有出门。

第六天，苏秦把盛庆叫来，道："请你到外面试探一下，就说去买壶酒，看看能否回国。他们愤恨的是我，对于你们，也许并无拘禁之意。"

盛庆很快便提着一壶好酒回来了，对苏秦道："先生说得没错，他们看守得很严，但只对我说'快去快回'，并没有阻拦。"

苏秦道："这就好办了。再烦请你去告诉朱讙或赵足，就说我想见见奉阳君。"

门外闯进两人，冷声道："我们奉了相国奉阳君之命，前来保护先生。"

盛庆这次回来得更快，但是哭丧着脸道："朱讙说，奉阳君公务缠身，没时间见先生。"

苏秦越发意识到事态的严重，思来想去，三天之后，他写了封密信，交给盛庆，命他贴身藏好，火速潜回燕国，把信交给燕王。

盛庆一口气跑了半个月，回到武阳，向燕王诉说了他们在邯郸的遭遇，燕王听完大吃一惊。拆开信看时，信上写道：

　　苏秦再拜大王足下：今者臣被围困邯郸，行动不得自专。虽然如此，大王也不必过于担忧，料臣暂无性命之忧。臣早在未入齐时便知必会得罪于赵，如今齐不信臣，赵又拘臣，齐必以奉阳君为小人，故正是赵、齐相背之时，这对燕国是极为有利的。死亡不足以为臣之患，败逃不足以为臣之耻，贵为诸侯不足以为臣之荣，身处污秽不足以为臣之辱。然而臣所大患，乃臣死之后，齐、赵之交复合，灭齐之功不成而已。问世间谁人不死？死而功成，于愿足矣。

燕王读罢，不觉潸然泪下，叹道："苏卿！苏卿！寡人定要救你出来，决不能任李兑胡为！"

这时乐毅从旁道："大王虽欲使齐、赵交恶，然而我大燕又何妨明里交好于齐，暗中结欢于赵呢？"

燕王略加沉思，道："将军所见极是。寡人这就派人前往赵国，暗中与之结好。"

乐毅道："大王莫急。臣以为赵之将、相不合，自当分别对待，不妨命人与韩徐为暗约伐齐；而同时派人告诉奉阳君，燕将不再任用苏秦，任凭奉阳君处置。大王放心，只要表面上苏秦不被信用，李兑亦会以为苏君无用，不但不会伤害他，反倒可能放了他。"

燕王道："将军此计甚妙。寡人这就命田伐、史孙二人分别去见韩徐为和李兑。"

就在燕王积极谋求解救苏秦之时，齐王也听说了苏秦被囚的消息。此时秦国愤于魏之联齐，更加强了攻势，大良造白起、左更司马错等率军接连攻下魏国的轵、邓、垣、蒲阪、皮氏等重要城邑。最近，魏冉亲率大军，迫使魏国献出河东之地四百里。不仅魏国，赵国也深感危机，对齐策略或有改变。齐王对奉阳君扣留苏秦很是不满，便派了亲信李终前往赵国去见李兑。

李终见了奉阳君，道："下臣奉齐王之命，特来拜见相国。我们大王说，齐国如今已与宋结盟，且已派田桥任宋相，与宋开通关梁，贸易往来，互通有无。望奉阳君见谅于蒙邑之约；而武安君苏秦乃寡人之上宾，还请奉阳君莫为难于他。"

李兑听了，简直怒不可遏，要不是还想借助齐国获得宋国的一块封地，他差点忍不住要命人把李终暴打一顿。

可令李兑没想到的是，刚把李终打发走，燕王的使者史孙又来了。

史孙对奉阳君道："寡君命在下问候奉阳君足下，并恳请足下放武安君回燕国。寡君愿追随奉阳君一道助齐伐宋，而且若奉阳君不满于武安君，寡君将不再任用苏秦。只是寡君以为，苏秦毕竟是作为燕国使臣到赵国来的，无论如何请奉阳君看在燕王的面上，放他回国。"

奉阳君听了，刚才对李终的怒气好歹消了一

些，想了想，道："既然燕王亲自派人来，我本当放他回去；然而现在苏秦也是齐国客卿，他蓄意破坏赵、齐之交，齐王竟然派人来威胁于我，我岂能咽下这口气！请你回去禀告燕王，就说苏秦在这儿做客不会有危险，至于何时能回燕国，我还要与齐国交涉，相信不会太久的。"

与此同时，燕王的特使田伐也见到了韩徐为。

田伐道："燕王命下官田伐拜见将军阁下！将军有意联合燕、魏伐齐，寡君其实从内心是极其赞同的，燕与齐有不共戴天之仇，这是将军知道的。苏秦小人，反复无常之辈，寡君已决定不再任用他。只是此次来赵，他乃是奉了燕王之命，故此寡君希望将军能劝说奉阳君，放苏秦归国。"

韩徐为听了田伐的话，点头道："前者燕王听信苏秦之言，不同意与我及孟尝君联兵伐齐，因此我本不该救苏秦。但既然燕王能回心转意，我自当前往劝说，然而我与奉阳君素来不睦，他是否会听我之劝，却非我所知了。"

田伐急忙道："多谢将军厚意！只要将军肯相助，不论结果如何，寡君及田伐都感激不尽！"

李兑虽然对苏秦不再如前番那般严苛，伙食也改善了不少，然而看管之严，却丝毫没有放松，连史孙想见一下苏秦的要求都没有答应。

苏秦在邯郸简直度日如年，又是几个月下来，他几乎要疯掉了。他再次写了封信，这回是让韩山去见的燕王，信的内容是这样的：

苏秦拜手稽首大王足下：前者大王命盛庆报臣说："望君善自珍重，死生事大，不利于国，而寡人甚忧先生。"臣亦以为屈辱而死，非大丈夫所为也，故而苟活至今。前者大王派史孙与田伐来赵之后，奉阳君、韩徐为对臣已有善意。然而齐王派李终来赵，愤怒于赵之拘臣，并告知奉阳君已任田桥为宋相，且与宋通关。奉阳君十分恼怒，命赵足问臣，臣回答实不知情。臣恐齐、赵之交日益恶化，奉阳君皆归罪于臣，则臣命休矣。齐王之交涉，真不如不来。愿大王再派人前来，万不可令臣久困于此！

李兑愤于齐王的态度，派亲信周纳赴齐谈判。

周纳见了齐王道："奉阳君再拜大王足下！奉阳君命臣禀告大王，燕王已不再任用苏秦，亦望大王莫再信用苏秦，与奉阳君言归于好。"

齐王道："苏秦为寡人谋划伐宋，虽未竟全功，而宋已割淮北之地于我，且已听命于我。寡人何故不能信用武安君？"

周纳道："燕王暗中派人接触韩徐为，正欲阴谋伐齐，大王不知吗？"

齐王道："燕王卑辞事奉于我，派兵助我伐宋，以区区之燕，何敢叛我？"

周纳不紧不慢地说："大王，万事可都有不确定的一面。齐、燕之仇，天下共知，大王岂有不防之理？"

见齐王意有所动，周纳接着道："大王，奉阳君说，只要大王尊奉前者公玉丹之诺言，且不再信任苏秦，奉阳君愿捐弃前嫌，尊齐为上国之交，天下有谋齐者，赵必攻之。不知大王意下如何？"

齐王沉默，有些犹豫不决。

周纳继续道："大王圣明，当今天下，齐、秦最强，其次便是赵国。若齐、赵联盟，试问天下谁是敌手呢？"

周纳这一席话，结结实实地打动了齐王，但他心中仍不愿放弃苏秦，因为他暂时还不想与燕国为敌。齐、燕之仇，齐王岂有不知？那是他父亲与当今燕王的父亲之间的仇恨，破国之耻啊。但是以他父王之威，尚不能吞并燕国，他自认如今也不具备这样的实力。他现在想效仿的，是像赵武灵王吞并中山、楚怀王吞并越国一样，吞并宋国。而吞宋最大的障碍，目前看，主要来自秦、赵这两个劲敌及魏国这个宋国的近邻。对付赵国，让燕国在后方对它形成牵制自然不失为上策；若答应奉阳君，则必须舍得割弃蒙甚至陶这样的肥肉。这就是让齐王犹豫不决的原因。

齐王沉默了好一阵，道："寡人已知奉阳君之意，你且回去，容寡人再想想。"

周纳走后，齐王正犹豫之时，秦相魏冉也派使臣来见齐王。

秦使向齐王说明来意，希望秦、齐联合，伐赵灭宋，只要把宋之陶邑送给穰侯魏冉就可以了，秦别无所求。

齐王同样像打发周纳一样送走了秦使，仍旧举棋不定。最后，他决定派人到赵国，一来探探赵国的虚实，毕竟李兑与韩徐为意见不合，究竟李兑能否作主犹未可知；二来则是想探听一下苏秦的情况，听听他的意见。

齐王这次派的是亲信宋窝。宋窝到邯郸后，先后拜见了李兑和韩徐为，并暗自打探，发现确如齐王所担心的，李兑虽为赵相，但朝中大臣，特别是赵王，对他不满之意已经十分明显。宋窝按照齐王的吩咐，向李兑提出要见苏秦，李兑答应了。

见了苏秦，宋窝向他诉说了李兑派周纳赴齐谈判之事，以及自己来赵国所见所闻的情况。末了，宋窝对苏秦道："大王命我告知先生：'寡人与先生已经有约，联合众国以伐暴秦。先生可暂时答应奉阳君之言，诸事待见面之日再行详谈。'先生在赵不知可有耳闻？前者秦国攻魏，魏献河东地四百里，秦仍不满足，现在又派司马错攻下了魏的河内，取得大小六十余城！周冣虽任齐相，但如今是欲哭无泪，他力主齐、魏联合抗秦，故而大王希望能与赵联合，以增加获胜的把握。大王念先生对齐之功，希望能解救先生离开赵国。望先生三思。"

苏秦听了，点点头道："为今之计，也只有先同赵联合一途了。"当晚，苏秦又修书一封，命人连夜送给燕王。信中写道：

苏秦再拜大王足下：今齐王命宋窃告臣："寡人与先生约定，合纵以攻秦。先生可暂且答应奉阳君，以便脱离赵国。"大王也曾对臣言："死于赵不利于燕国，寡人甚忧之。"现在暴秦凶残，接连攻取魏之河东、河内地，若非联合齐、赵，恐难应敌。虽然臣以为齐、赵之合乃燕之大祸，然齐、赵交恶之促成，或许可以推后。于燕而言，齐、赵交恶，最是上策；齐、赵、韩、魏、燕五国联合以伐秦，是中策；赵联合齐、秦以伐燕，便是下策了。若臣至齐，对齐王讲赵的阴谋，实际上是要排挤齐国、讨伐齐国，则齐王一定会听信我；而奉阳君、韩徐为都不想让臣回到齐国，也不愿让臣到韩、魏，所以臣深恐无法逃离赵国。臣之才智能免燕国之难，而不能救自己之身家性命。愿大王再次派遣田伐或史孙速来招臣回国，臣或许还有与大王相见之日。

燕王收到苏秦之信后，心急如焚。乐毅进言道："大王不必过于焦虑，以臣之见，苏君的解脱之期快到了。大王可再派史孙去见李兑，重申前言。另外，可命人至魏、韩，劝二国赴赵相求，合纵伐秦。赵为抗秦，是没有理由不联合燕、齐的，也就没有理由再扣留苏君了。"

燕王喜道："将军所言甚是。"于是便照乐毅所言，派了三路使臣，分赴韩、赵、魏三国而去。

果然不出乐毅所料，韩、魏形势危急，孟尝君便亲自领着魏王及韩国的成阳君，前往邯郸面见奉阳君李兑。李兑顿觉脸上有光，便带着孟尝君、魏王和成阳君朝见了赵王，魏王向奉阳君献上魏之河阳、姑密二城，作为奉阳君之子的封邑。奉阳君大喜，一时间俨然成为东方六国的首领，风光无限。燕王此时派人来求他放苏秦回国，李兑便很大方地同意了。

五国伐秦

就在奉阳君忘乎所以之时，秦王听从魏冉的建议，跑到宜阳的行宫，宣称准备称帝，并命韩王、魏王前往宜阳宫朝见。

韩王国小势弱，只得在成阳君陪同下，到了宜阳。魏王在去与不去上十分犹疑，不去吧，怕秦王震怒；去吧，楚怀王入秦而不能回就是前车之鉴。

世事正是如此难料，魏王正左右为难之时，秦国又采取了新的策略。

秦昭襄王十九年（前288）十月，秦王正踌躇满志地准备称帝大典，准备在岁初（秦以十月为岁首）正式称帝。秦相魏冉，也是秦王的舅舅，向秦王建议道："若仅是大王自己称帝，势必引得天下矛头对准大王。莫如大王自称西帝，而尊齐王为东帝。如此，齐王必会欣然接受，而再次形成秦、齐连横之势，东、西二帝，最为强盛，天下列国也就难奈我何了。听闻赵之奉阳君有意合纵与我为敌，我若能联合齐国，韩、魏、燕必被胁从，便可成连横伐赵之局，岂不一举两得吗？"

秦王连连称好，便命魏冉派人到齐国，致东帝于齐王。

齐王早有称帝的梦想，一听秦来致帝，正中下怀，简直乐不可支。好好地款待了秦使一番。不止如此，齐王再次听祝弗之言，把周㝡又赶走了，请吕礼再任齐相。世事变幻，真如轮回。

魏冉是何等人物，见齐王上钩，便速战速决，邀约了齐、燕、韩、魏四国，搬出一套五国联合伐赵的方案，灭赵之后，三分赵地，秦、齐各得其一，燕、韩、魏共得三分之一。齐王正沉浸在帝王梦中，听说可以得到三分之一的赵地，简直抵得上整个宋国了，想也没想，便同意了。其实这个连横的决定权根本上就在齐、秦二国手中，其余三国已毫无发言权，这样，五国伐赵的联盟便形成了。

此时苏秦已回到燕国，听说齐王接受了东帝的称号，而且已经订立了五国伐赵的盟约，苏秦大为吃惊。他立刻到武阳宫面见燕王，道："大王以为五国伐赵，可行吗？"

燕王疑惑道："先生不是素来主张离间齐、赵吗？如今齐与秦皆欲伐赵，有何不可？"

苏秦摇头道："此一时，彼一时也。此乃秦利用东方各国，各个击破之计。若果真五国灭赵，秦国的下一目标，必是齐国。齐眼下虽号称东帝，然已外强中干，绝不是秦的对手。虽然我大燕希望借他国之手，灭齐报仇，然而若秦先灭赵，再灭齐，试问天下谁与争锋？我燕国被灭，亦将是迟早之事。故而臣以为灭齐之事，与其借秦，不如借赵，这才是臣一直以来主张离间齐、赵的深意。"

燕王听了苏秦之言，凝重地点点头道："先生所言极是，寡人愚钝，思不及此。然则该如何是好呢？"

苏秦道："为今之计，只有再去齐国走一遭了。此次赴齐，臣必力促伐秦之局，大王便可与乐将军加紧操练兵马，不论伐秦还是攻宋，我仍追随其后，助齐两万精兵，其余人马应随时准备灭齐报仇之战。"

燕王道："先生此去，多加谨慎，万不可再发生类似在赵被囚之事。"

苏秦苦笑了一下，道："大王放心，臣一定勉力为之。若在齐被怀疑，怕就不仅仅是被囚那么简单了。"

稍事准备之后，苏秦便带了兵车百乘，浩浩荡荡来到临淄。

两个月来，齐王一直沉浸在东帝的迷梦之中。齐国虽然仅是天下之一角，但齐王仿佛已然君临天下，颇有睥睨万世的气概。齐王是在章华宫接见的苏秦，为了显示自己礼贤下士之风度，齐王还特地到了章华宫的南门来迎接苏秦。但苏秦看得出，这不过是齐王为了获得礼贤之名而做的姿态罢了；从他昂首高视的神态可以看出，齐王已经傲慢到了极点。

齐王把苏秦迎进宫中，行过君臣之礼，齐王笑呵呵地道："多时不见，寡人甚是想念苏君。自从苏君被奉阳君囚禁，寡人极为忧心，两次派人前往交涉，他才肯放先生出来。"

苏秦忙躬身道："臣能获释，全仗大王救助，臣感戴不尽！"

齐王又道："先生不必客气。寡人与先生很是投缘，先生不在，寡人颇有点食不甘味啊。这次苏君来到齐国，我看就不必再回燕国了，燕国能给先生的，寡人可以双倍奉送。"

苏秦再次躬身道："臣深感大王厚恩！只是燕王于臣有知遇之恩，且以相国之任为托，臣岂可相负？岂不是有违'信义'二字吗？"

苏秦之言，让齐王心中更加欣赏，笑道："寡人怎会陷先生于不义呢？寡人只是希望先生能常在身边。而今寡人已是东帝，将来便是天下之帝，燕国也将是寡人治下之一国，先生早晚不都是寡人之臣吗？"

苏秦看着齐王满含笑意的脸，紧锁双眉、一脸忧郁地道："大王莫怪臣无礼。臣以为，大王不应接受东帝的称号。"

齐王原本笑呵呵的脸就像僵住了一般，接着脸色一沉，道："先生何出此言？秦王能称西帝，寡人因何不可称东帝？"

苏秦忙道："大王，臣以为此乃秦人之奸计。秦王欲称帝，但恐天下矛头对准自己，故而致东帝于大王，实则是拉大王来分担天下的怨恨罢了。不称帝，可能仅得罪于秦；称帝，则可能得罪于天下。臣以为，莫如去掉帝号，秦称帝之后如果天下无怨，大王再称帝不迟；臣恐秦称帝必招致天下之兵，那称帝还有何益？"

齐王略有所思，点点头道："苏君所言不错，若非先生来，寡人险些中了秦人奸计。"

苏秦又道："臣以为，称帝不如伐宋。称帝，不过是个虚名；伐宋，则可获得实利。虚名岂可比实利？现在如果取消帝号，天下必爱齐而憎秦，这就是所谓'以卑为尊'。而暴秦之名，虎狼之性，闻于天下，大王若与三晋及燕合纵伐秦，就是为天下除残去暴，以义兵安天下。如果能在合纵伐秦的间隙攻宋，则秦以及赵、魏一定无暇救宋。灭宋之后，臣再请燕王奉上帝号，大王那时称帝，名正言顺，岂不更好？"

齐王听了，频频点头道："先生确是高人，为寡人谋划，无微不至，甚惬我心！"

苏秦笑道："为大王效忠，臣之愿也。大王若合纵伐秦，臣以为赵国最为关键，大王莫如会见赵王，订立盟约，合力攻秦。"

齐王笑道："好！寡人这就派人邀约赵王，于东阿相会，去帝号而攻秦。请先生莫辞辛劳，随寡人前往，如何？"

苏秦忙道："臣无不听命！"

齐王又道："寡人愿以先生为相，亦封先生为武安君，以助寡人兴义兵而安天下，务请先生不要推辞！"

苏秦起身拜道："臣何德何能？竟得大王如此厚爱！臣敢不效命！"

十二月末，齐王、赵王分别在武安君苏秦、奉阳君李兑的陪同下，相会于齐之东阿。

齐王看了看李兑，转而对赵王道："寡人先前受秦国蒙蔽，幸得武安君对寡人论说连秦伐赵之弊，是助暴秦而伐仁义也。故而寡人今日得见足下，不仅要去除帝号，且有意与足下联盟，约同韩、魏、燕等，五国同心，戮力伐秦！不知足下以为如何？"

赵王虽才加冠不久，但英姿勃发，已非往日怯懦少年的样子。听了齐王之言，赵王笑道："大王英明神武，更得武安君这样智勇贤达之士相助，天下谁不从风？寡人愿追随足下，并力伐秦！"

齐王大喜，道："寡人业已逐走吕礼，并任武安君苏秦先生为相。"看着李兑，道："奉阳君千万不要心存前嫌，今后当与武安君勠力同心，共谋大举！"

李兑点头道："大王既举正义之师，臣岂敢以私怨害公义？"

苏秦也道："奉阳君德高望重，赵国之强盛，奉阳君功至高。苏秦有何德能？谨愿奉奉阳君为主将，主持伐秦大业！"

赵王笑道："哈哈！二位相敬相亲，伐秦大业已成功大半。齐王既已任苏君为相，寡人也愿任苏君为相，封先生为武安君！先生并相齐、燕、赵三国，以武安君之名，举正义之师以安天下，必所向披靡！"

齐王也大喜，道："好！我等君臣先举杯同

饮，预祝伐秦成功！"

齐、赵的结盟，韩、魏是不得不顺从的，何况伐秦获益最大的就是这两个倍受秦国侵伐的国家了；燕自不必说，很快便派精兵二万，径直编入了齐军的队伍。这样五国合纵伐秦之势便迅速形成了。

秦王在得知齐王取消了帝号，而且与赵联合，组织了五国联军，要攻打秦国之后，心中还是有些紧张的。犹豫再三，决定也取消帝号，并在函谷关加派驻军，准备阻挡五国的进攻。

次年三月，五国开始进军，自然以齐、赵为主，名义上奉阳君李兑是主将，任总指挥。苏秦由齐至燕，敦促燕王尽快派出了二万精兵，再从燕至魏，到赵，督促各国快速进军，但一直到五月，三晋之军仍逡巡不进。

对于自己被赵王免相（苏秦接任），李兑心中是有说不出的怨恨的。苏秦对此，也是心知肚明。他在东阿之会之后，便向齐王提到此事，以为若不安抚李兑，伐秦攻宋之事恐难顺利推进，所以苏秦建议齐王把宋之陶邑许诺给李兑，以换得李兑为己效力，这样也可避免趁机伐宋之时遭赵国反对。齐王虽万分不舍，但最后还是同意了。因此苏秦来到赵国，见李兑找借口迟迟不发兵，便抛出了"杀手锏"，说自己如何在齐王面前说奉阳君的好话，齐王也极愿结交奉阳君，并愿将来在攻破宋国之时拿出宋国最富饶的陶邑作为奉阳君的封邑。听了此言，李兑顿时喜出望外，当即热情地招待了苏秦，并夸赞苏秦如何智慧过人，身佩三国相印，真乃英雄。最后，李兑保证，将征发上党全部壮丁以攻秦。

苏秦得到李兑的保证之后，又赶至魏国。他知道，魏相孟尝君是韩、魏联军的真正首脑，而如何处置孟尝君与齐王的关系将是能否调动韩、魏联军的关键。

见到孟尝君后，苏秦拿出齐王送给自己的、孟尝君任齐相时经常佩戴的一把玉具剑，递到田文的面前，道："足下离开齐国，恍惚间已七年有余，齐王甚为挂念，命我把此剑转交给足下，并说：'齐乃祖国，薛为故土，君纵然不愿见寡人，难道就忍心远离祖宗坟墓、终老他乡吗？'"

田文闻听此言，真是肝肠寸断，不觉老泪纵横，两手微微颤抖，轻轻抚摸着那把精致、古旧而光洁的玉具剑，百感交集，良久没有说一句话。

　　苏秦见状，又道："足下离开齐国之后，齐王想起靖郭君与足下为齐国的付出，为齐国强盛做出的种种贡献，深感有愧于您，不该怀疑足下。然而追悔莫及。今五国联盟，共讨暴秦，这难道不是足下一直以来想做的吗？想当年，足下亲率齐、魏、韩三国之师攻破函谷关，威震天下，是何等威武！齐王命在下转告足下：'太公九十，犹能伐纣，望君莫以年老为辞，善自珍重，再建伟业。'"

　　孟尝君眼望东方，又过了好一会儿，这才慢慢收回思绪，轻叹了一声，道："唉！世事如棋，殊难逆料。想我田文，奋斗大半生，经历多少风浪！然而到头来归宿何在？难道真要客死他乡吗？"

　　苏秦忙道："君言差矣。齐王的意思是，足下何时想回去就可何时回去；而且齐王还说，他不日就想发兵灭宋，灭宋之后，会把平陵送给足下。平陵近薛，将来足下便可归老薛邑，怎么也强过漂泊异乡吧？"

这也是苏秦来见田文之前，早已与齐王商量好的。孟尝君对齐王怀恨在心，一直以来想联合韩徐为及燕王攻打齐国。要改变孟尝君，唯一可行的就是打感情牌，绝不能硬来。

这一招果然奏效，孟尝君听到这里，点点头道："足下即可回复齐王，讨秦之事，田文自当竭力。然而灭宋，未必那么简单，就算田文答应，魏王未必会同意。请先生转告齐王，穷兵黩武，以暴易暴，乃自取灭亡之道，希望大王好自为之。"

苏秦听了孟尝君之言，不禁大吃一惊，心中暗想，幸亏孟尝君不在齐国，否则自己的所作所为，怕早已被他识破了。

五国联军终于向秦进发，然而连日的大雨，还是拖慢了进军的速度。韩、魏之军会合之后，每日不过前进一二十里。最终，大军聚集于荥阳。

就在此时，齐王得知五国联军进军的消息之后，其灭宋的蠢蠢之心再也按捺不住，便派了十五万大军，前往攻宋。

这次攻打宋国，齐王吸取了上次的教训，改攻平陵，企图减弱孟尝君对齐的敌意，并想采取全面围困的策略：一面进军攻打；一面命人去见楚王，希望楚国封堵宋国；同时还派人至魏，请求魏王也闭关于宋。

然而，齐国的如意算盘并不成功，一旦开始攻打宋国，五国联盟内部顿时各怀鬼胎。果如孟尝君所言，魏王不但没有闭关于宋，反而一再向宋进攻，积极与齐争夺宋地；不仅如此，魏国还阻挠五国联军的进军，导致联军在成皋滞留多日。而奉阳君听闻齐王准备与楚王相会，以为齐是要通过楚与秦讲和，十分气恼，便决定按兵不动，以观其变。

苏秦得知这些情况时，正在赵国，便派人连夜赴齐，写信向齐王询问：因何如此急于攻宋？眼看伐秦之盟军就要分崩离析，攻秦之举，破关杀将为上，其次是打击其气焰，最下与之讲和，不知大王将何以自处？

齐王本以为在联合攻秦的局势下，赵、魏会容忍自己灭宋，何况业已许诺将陶邑、平陵分别送给奉阳君与孟尝君，谁知还是引起了两国极大的反应。特别是魏国，在如此巨大的利益面前，孟尝君已然无法做主。何况，孟尝君虽然一直想回归故里，但他对齐王是了解的，他压根儿就不相信齐王会对自己如此仁慈。因此，随着形势的变化，孟尝君又开始联络韩徐为，而且暗中派人联络燕王，准备趁齐攻宋而打得疲弱之时进攻齐国。

齐王没有办法，只得命人回复苏秦，把罪责都推到魏国身上，指责魏国暗中派了两人去与秦媾和，并指示苏秦可在适当时机与秦讲和。苏秦很是无奈，只好面见李兑做了一番解释。

秦军本来做好了大战一场的准备，可五国联军基本上没怎么接触到呢，讲和的使者接二连三地来了好几批。秦王心中暗笑，但也不好表现得过于强硬，毕竟五国真的联合一心，秦还是敌不过的。最后，秦王决定，把温、轵、高平归还给魏，把王公、符俞归还给赵，以与五国讲和。五国已各怀心事，见秦国抛出了讲和的建议，便迫不及待地纷纷答应了。声势浩大的五国伐秦之举便这样草草结束了。

三伐灭宋

　　齐王不仅苦恼于魏国对灭宋的阻碍，而且在得知韩徐为、孟尝君要进攻齐国的消息后，便于八月退兵，结束了第二次攻宋之举。

　　由于伐秦的失败，以及齐国攻宋的无信，加上赵王逐步削弱李兑权势的举动，韩徐为在赵国的势力隐然有超过奉阳君之势。在韩徐为的主张下，赵国便派了赵梁领兵伐齐。

　　虽然赵梁伐齐并未获得多少好处，但齐王对赵、魏的担忧已超过了对秦的担忧。秦虽然也想在灭宋之战中分一杯羹，但因为距离的关系，究竟阻力要大些，对齐的威胁要小些。

　　就在齐王权衡该如何处理与赵、魏及秦之间的关系时，韩珉派人送来一封书信，拆开看时，信是这样写的：

> 韩珉再拜大王足下：秦王后悔不听大王之言，务虚名而轻实利，招致天下之征讨。现在秦王极愿与大王握手言欢，若齐、秦不和，则秦唯有与三晋和矣。盼大王再次召还珉，珉定会竭力事奉大王，而秦也将无不听命于大王。若齐取宋，则将令楚、魏不敢获尺寸之地于宋，宋将尽归齐；而秦将取魏之上党。然后胁迫韩、魏以攻赵，秦取赵之西境，齐取河东；秦攻取韩之西境，齐取燕之南土；三晋大破，齐、秦合力攻楚，秦取鄢地、云梦，齐取东国、下蔡。如此，使合纵之国不绝如带，齐、秦即便立一百个帝，天下谁能禁之？

读罢来信，齐王大悦，当即命人召韩珉来齐，任以为相；同时，派了亲信宋郭赴秦，讲和定盟的同时，要求秦王同意齐国攻宋。秦王勉强答应了齐的要求，但同时要求齐国允许秦攻取魏的旧都安邑。为了早日攻灭宋国，齐国也只得与秦达成口头协议。

秦王在征得齐国允许后，便迅速兵分两路攻魏，一路直扑魏旧都安邑，一路攻打河内，拔取了新垣、曲阳。此年（前286），秦王又派司马错攻河内，逼迫魏国最终献出了安邑，秦把魏人悉数赶了出去，招募秦人迁徙至新占领的魏地，彻底占领了魏国的河东之地。

与秦攻伐魏国的同时，齐王命韩珉主持，展开了对宋国的第三次进攻。这次攻宋，齐王志在必得，派出多路大军同时进击，早已千疮百孔的宋国眼见得就要支持不住了。

但就在此关键时刻，秦昭王却出尔反尔，表达了对韩珉攻宋的强烈不满。他十分愤怒地告诉齐国的使臣："我爱宋国，就如同爱新城、阳晋一样。韩珉与我是至交，却攻我所甚爱，是何道理?！"

齐国使臣回来报告了秦王的愤怒质问，韩珉甚为惶恐，不知所措。苏秦恰好在齐，韩珉便把此事对苏秦讲了。

苏秦道："足下不必忧虑，我愿到秦国一行，只要向秦王解释一下，我想秦王一定会通情达理的。"

韩珉对苏秦千恩万谢，苏秦便赶赴秦国而去。

此次主动请缨出使秦国，苏秦有两个打算，一是顺路回趟家，探望一下父母妻儿；二是阻止秦国对齐国灭宋的干涉。

离开家转眼已有十年了，他除了偶尔写封家书，再没有回去过。儿子应该已是十岁的学童，然而见到自己，恐怕根本不相识，说不定还以为自己是个陌生的外乡人，想想这事就叫人心酸。

离家越来越近，苏秦心中也越加忐忑。离家时刚过而立之年，如今已是四十多岁的人了，他时时取出临行时徐荆送给他的那面铜镜，镜中的自己容貌虽没有大变，然而眼角的皱纹、鬓角为数不多的几丝银发，还是显示着岁月的无情。唉！不知她这些年过得如何，有弘儿相伴，可开心些吧？

时近晌午，过了澧水，乘轩里便已在望了。远远看见两个孩童在离河岸不远的一株大柳树下嬉闹，你追我赶，好不热闹。

苏秦正看得出神，忽闻远处树篱后面传出一个熟悉的声音："弘儿，快别贪玩了，该回家吃饭了！"

苏秦顿时愣在当地！只见一个身穿蓝布衣衫、头梳总角，手中高高擎着一枝柳条的孩子，转头高声答道："娘，我这就来了！"

他再转过身，把手中的柳条递给另一位身着红衣、比他还要矮一头、披散着头发的小姑娘，急切地说道："我娘喊我了，咱们吃过饭再来玩。这根柳条很是好玩，又软又光滑，送给你吧。"

两个小孩儿说话间，苏秦已到了他们面前。小女孩压低了声音道："苏弘，你瞧这人是谁？你快跟你娘回家吧，我也走了。"说完，小女孩一溜烟往南跑去。

苏弘抬起头，见一个高高瘦瘦的人站在自己面前，目不转睛地盯着自己的脸，就像自己脸上有好多泥巴似的。他下意识地拿手摸了自己的脸颊一下，抬头问道："你是谁啊？从哪里来？我没见过你。"

徐荆等了一会儿，见苏弘还没过来，便从一丛树篱后面转了出来，一边走，一边说道："弘儿，你在……"当她看到那个日思夜想的熟悉身影，正俯身看着弘儿时，她简直不敢相信，难道这不是在做梦吗？

"你……你真的回来了吗？"徐荆的声音有些颤抖，她往前挪了几步，甚至脚步也有些踉跄。当她看清楚站在面前的人真是苏秦时，泪水夺眶而出。

苏秦一手拿衣袖给徐荆擦着泪，一手抚摸着苏弘的头发，双唇打颤地说道："快……快别哭了，我这不是回来了嘛。"可他自己的眼泪已经打湿了衣衫。

徐荆擦了擦眼睛，蹲下身对苏弘道："弘儿，这就是你爹爹，快叫爹爹！"

苏弘眨巴眨巴眼睛，冲苏秦道："你真是我爹爹吗？"

苏秦一边流着泪，一边使劲点了点头，道："嗯！"

苏弘这才往后退了一步，两手一拱到地，道："爹爹在上，孩儿给您叩头了。"说着跪在地上，

苏弘跪在地上，给苏秦行起了跪拜之礼。

给苏秦行起了跪拜之礼。

苏秦心中既高兴，又感到一阵阵难过。高兴的是，弘儿在徐荆的管教下，体格健壮，聪慧有礼；难过的是，自己一走就是十年，徐荆一人把孩子带大，还要照顾公婆，定然吃了不少苦头。

苏秦赶紧把弘儿拉起来，牵着他的小手，说道："走！弘儿跟爹娘回家。"

家中没有太大变化，父母虽然已年过七十，但身体尚可。两位嫂子和徐荆相处得很是和睦，侄子们也都即将成人，父亲用他们兄弟寄回来的钱为几个孙子请了师父，他们也十分好学。

苏秦在家盘桓了三日，留下些钱财，嘱咐徐荆多多珍重，弘儿好好读书，便与徐荆依依作别，继续赶往秦国。

苏秦到秦国后，没有立即去见秦王，而是先拜见了魏冉。苏秦早就听说穰侯垂涎陶邑，因此，他向齐王请示，莫不如先把陶邑许给他，有魏冉在秦王面前说句话，秦王自然就不会再阻拦齐灭宋了。果然，魏冉听到苏秦的许诺后，态度变得非常热情而谦和。

秦王见了苏秦，余怒未消，重申了他对韩珉攻宋的不满。

苏秦不紧不慢地道："大王，以臣所见，韩珉攻宋，正是为大王着想啊。试问，以齐之强，若再吞宋，楚、魏能不恐惧吗？楚、魏恐惧，必然会西来事奉秦国。大王不用一兵一卒，魏国就肯割让安邑给秦，这不正是韩珉攻宋所致吗？"

秦王道："我所忧者，齐忽而合纵，忽而连横，没有信用，而且难以捉摸，这又作何解释呢？"

苏秦故意义愤填膺地道："大王岂会不知？此乃天下列国令齐难以捉摸！东方游说之士，终其一生，西来游说者无不说齐不可交，东往游说者又都说秦不可交。为何如此呢？三晋与楚合，必会伺机攻伐齐、秦；齐、秦合，亦将图谋三晋及楚。有此等人居于其间，齐国怎么可能不纵横不定？"

穰侯从旁说道："大王，臣以为武安君所言极是。如今三晋与楚巴不得秦、齐之间生出罅隙，咱们可不能上当啊。再者，宋王残暴不仁，天下所闻，齐之伐宋，不是替天行道吗？"

秦王低头想了一会儿，道："武安君所言是对的。寡人也听说，宋王用木头雕刻寡人之形，射击鞭笞，辱我太甚！齐王若伐宋除暴，与寡人亲自伐宋雪耻一般无二！"

得了秦王对齐国伐宋的允诺，苏秦又略略盘桓了几日，便离开秦国，往齐国复命去了。

此时，宋国在齐军大举进攻之下，内部矛盾激化，接连发生了数次内乱。宋王偃在一年前把王位传给了自己的太子。本来太子任用贤士载子，励精图治，很得民心。谁知载子受到相国唐鞅的排挤，最后竟被唐鞅驱逐出宋。太子怒不可遏，也负气出走。于是王偃再次就任宋王，而其暴虐如故。

于是早已垂涎宋地的奉阳君李兑写信给齐王道："原来宋以太子为王，上下相亲，守备坚固，如今太子出走，本来追随太子之人都甘心为之付出生命，与相国的对抗随时可能爆发。而宋王偃再次就任王位，其残暴杀戮，只会引发更大动荡。大王如能就此进兵，必然是摧枯拉朽之势。"

齐王在秦赵两国不加干涉、反而鼓动的情况下，信心暴涨，命触子统帅三军全面进攻。果如李兑所言，一路势如破竹，很快便攻入宋都睢阳。宋王偃仓皇西逃，跑到魏国，奔至温时暴病而亡。宋国就这样灭亡了。

大星陨落

灭宋之后的齐王志得意满，以为天下无人能敌，又开始做起了称帝的美梦。齐王派人分赴邹、鲁及卫等泗上诸侯小国，讽喻他们到临淄入朝称臣，这些小国不敢不听。听着这些小国的使臣山呼万岁，齐王更加飘飘然了。

赵国奉阳君还试图派人前来索要齐王许诺的陶邑，然而齐王早已舍不得这块肥肉，把来人驱逐了出去。奉阳君也因齐的吞宋而在赵国威信扫地，因而被赵王免去一切职务，旋即忧愤而卒。韩徐为没有了政敌，便在赵王支持下，亲率赵军讨伐齐国。谁知韩徐为急于进攻，准备不足，很快便吃了败仗。

齐国独吞巨宋，并占有宋所攻取的楚之淮北地，泗上诸侯纷纷朝拜称臣，加上又打败了赵国，一时间天下震恐。

　　燕昭王认为合纵诸国伐齐的时机已经成熟了。就在他犹豫是否应派人前去联络赵、秦等国时，赵国却先派使臣来游说燕王了。

　　赵王的使臣对燕王道："赵王命臣再拜大王足下：赵、燕睦邻相亲，由来已久，大王自然记得我先君武灵王送大王回国继位之事。燕国差点灭国，无非是拜齐国所赐。齐王残暴无常，如今吞并宋国，接下来的目标可能就是燕、赵了。赵王不愿坐等齐军的到来，愿追随大王之后，燕、赵联合，伐齐而为燕报仇！"

　　燕王何尝不急于报仇？只是苏秦尚在齐国，若燕此时发难，苏秦极有可能会遭到杀戮。但苏秦为间谍之事是万万不能说的，于是他故意干笑了两声道："呵呵，赵王可真会开玩笑，燕国现在与齐国之亲密，是不亚于与赵国之睦邻的。何况，我们派去帮助齐国灭宋的两万军队才回来，还没来得及喘口气呢。"

赵使对燕王的反应大感意外，忙道："大王难道还没听说吗？秦王已经在宛会见了楚王，又在中阳会见了我王。如今正派蒙骜率军越过韩、魏，直趋齐国的河东之地，想来这会儿秦军已经和齐国开战了吧？魏相孟尝君不但与赵联盟，而且也劝秦相魏冉进攻齐国，许诺破齐之后以陶邑为其封邑。韩、魏二王也准备与秦王相会了。大王若再坚持与齐交好，不但会被天下人耻笑忘记国仇家恨，而且还会招致列国联军的进攻！何去何从，请大王决定！"

赵使的一番话，着实令燕王又惊又喜。惊的是，没想到形势变化如此之快，前年还是五国联军伐秦，现在马上要变为五国伐齐了，而苏秦迟迟未回，实在危险至极！喜的是，自己已经盼了十年的复仇大业就快实现了。

燕王没有马上答允赵使联盟的请求，而是让他暂且住下，说自己再好好想想。安排好赵使之后，燕王马上召见乐毅，把情况和他详细说明之后，问他是何意见。

乐毅也感到十分为难，形势所迫，不得不与

秦、赵等国联合，而苏秦能不能回得来，实在难以预料。

沉默了好一会儿，乐毅道："臣以为，必须答应赵国联盟的请求。臣曾在赵国为官，愿意出使赵国，并探查秦、魏、韩的意图。这是千载难逢的机会，若真能联合五国共同伐齐，则齐必亡！臣尽量把伐齐之战延后至来年，至于苏君能否脱身，就看他的运气了。"

燕王想起苏秦与自己相处的一幕幕，不禁悲从心起，长叹一声，道："唉！也罢！苏卿，苏卿！归来何迟也！"

苏秦在齐国也已感到了危险的气息。秦军来势之凶猛，超过了任何人的想象。齐王正沉醉于吞宋败赵的胜利中，不意蒙骜的大军迅速攻下河东九城，而各国联合的消息也陆续传来。苏秦担心，此时若抽身离开，肯定会引起齐王的怀疑，但自己也绝不能坐以待毙。

正不知所措之时，又传来消息，燕国也加入了秦、赵的联盟。秦在攻齐上已先行一步，秦王对外宣称："寡人四次与齐王相约，齐王四次欺骗寡人，有三次率天下来攻打寡人！今日之战，有齐无秦，有秦无齐！必伐之！必亡之！"蒙骜攻取河东九城，无疑便是为列国做出个表率。因为深深感觉到齐的吞宋变强必将严重威胁秦的东伐，所以这次秦国表现得比谁都积极。

然而老谋深算的魏冉赶紧劝止了秦王，以为秦毕竟距齐太远，不必强行出头，可把赵国推在前面。一来赵足够强大，可以和齐抗衡；二来赵国对齐灭宋同样心怀不满，且充满恐惧。若再把燕国拉进来，燕、赵合力，不难打败外表强大而内里空虚的齐国。

这样，在秦的主谋下，秦、赵、燕举行了会盟，秦不惜向赵、燕派送质子，且约定亡齐之后瓜分齐地；穰侯声明，只要把陶邑给秦国就行了。为了把赵、燕推在前面，穰侯提议，由乐毅担任赵、燕两国之相，并作为五国联军的统帅。

在如此危急的形势下，苏秦面见齐王，请求出使赵、燕，劝阻他们进攻齐国，然而齐王没有答应。由于燕国在燕、赵、齐三国边境集结了几乎全部的兵力，加之乐毅担任了联军的统帅，齐王显然已经对苏秦来齐的目的产生了怀疑。

　　苏秦见齐王脸色阴沉，料想已然对自己有了戒心，便匍匐于地，叩头谢罪道："苏秦深知大王疑心于臣，臣请求大王允许臣修书一封给赵王，劝他联齐而抗秦，则五国之兵不战可罢。"

　　齐王的脸色仍没有任何缓和的意思，不过还是点头答应了。苏秦便当场修书一封，内容大意是：

　　　　苏秦再拜赵王足下：臣风闻足下以秦为爱赵而憎齐，故欲与秦共伐齐。然而足下实为有大功于秦，也未有积怨于齐，所谓秦爱赵而憎齐，窃以为实秦之计也。秦想灭亡韩国而吞并东、西周，所以以齐为诱饵，诱骗列国来攻齐，故先放出与齐为敌的风声而使天下闻知；又怕列国不上当，先攻齐之河东而给魏、赵装样子；又怕天下发现其阴谋，所以还要拉上韩国一起行事；还是怕天下怀疑自己，所以向燕、赵派出人质。秦国表面上为盟国着想，而实际上要攻伐已经空虚的韩国，这就是秦之计谋。

以臣之见，秦若攻下韩之三川，伐取魏之河东、河内，则赵必受其祸。何出此言？因为秦吞并韩、魏之上党，则与赵相接之地将达七百里，秦军持强弩坐于羊肠坂上，则离邯郸不过百二十里而已。况且秦以三军攻赵之上党而威胁其北界，句注之西还会为大王所有吗？若句注一失，秦军长驱而东，则代马、胡狗，乃至昆山之玉，三宝皆非大王所有矣。故从秦伐齐，必受此祸也。

往日五国之王曾谋伐赵，三分赵地，盟约著之盘盂。然而齐独排众议，向西进军而禁止秦国，使秦伏而听命，将温、轵、高平还给了魏，把王公、符俞归还给赵，这是大王所知道的。齐于赵国毫无过失，本应为上交，现在却要被足下讨伐，臣怕今后没人敢事奉大王了吧？若大王能与齐交好，则齐必会举国事奉大王，天下也会敬重大王。臣愿大王三思而后行，与左右众臣详议之。

齐王看罢，觉得确有说服力，但究竟能否起作用，心中还是没底，不过总比什么都不做强吧，于是命人拿着书信赶赴赵国。

可惜的是，事情既没有按照齐王所想的发展，也没有出现苏秦所希望的结果。齐王自然想五国罢兵，各自解散，若他们之间再闹点别扭则更好；苏秦内心并不真的希望赵国停止伐齐，他所期望的是局势出现缓和，哪怕是一点点缓和的迹象，他便可借机再提出出使燕、赵的请求，齐王就有可能答允，自己就有机会脱离险境。

然而，赵王看罢苏秦的来信，轻蔑地嗤笑了一声，便把它投入火盆里烧了。已经亲政的赵王非常明白，列国之间并没有真正的盟友，秦王在利用他，他又何尝不是在利用秦、利用燕呢？自他即位以来，秦、齐东西二强并峙，赵是最能与二者争锋的，如今齐国惹怒了整个天下，他自然要抓住这个机会，借助秦、燕乃至韩、魏及楚的力量，把齐置于死地！在这场争斗中，他知道秦想把赵推在前面，但他想的，是把燕推在赵的前面。赵国一定要保存实力，齐国的土地是一定要争的，然而必须见好就收，适可而止；若使出全力，秦在后边虎视眈眈，如何应敌？赵王早已不是任人摆布的那个怯懦少年，苏秦说得再耸动视听，也无法改变他的策略。

赵王当即下令，命乐毅先率赵军火速进发，占据齐之西境的灵丘，以待燕国大军集结，然后展开全面攻势。同时，他派人通报秦王，请求秦派人督率秦及韩、魏军队，尽快东进。

秦王得到赵国的消息后，对赵国积极主动的进军之举十分满意，当即派幸臣御史起贾前往魏国，主持监督五国进军之事。

这个冬天冷得异乎寻常，大地冻裂的一道道口子，仿佛连年战争的伤口，而纷纷飘落的雪花，无疑是撒向伤口的盐，更加重了严寒的痛苦。这痛苦之于苏秦，是尤其沉重的。乐毅已经攻占灵丘，燕王召集全国之兵，皆已屯驻在大河北岸，而秦将蒙骜率韩、魏之军也已渡过济水；楚国虽未加入五国联军，但自淮北以至琅邪，兵力也增加了数倍，其目的不问可知。这一连串的消息，便如天空纷纷扬扬的大雪一般，撒在苏秦心中的伤口上。齐王已经派人死死地盯住了苏秦，别说逃走，就是出门也已难得许可了。

齐王自己也好过不到哪里，除了东方的大海，北、西、南三面都是敌军，除了南、北边境安排了必要的防守，他命触子为主帅，达子为副，率领齐军主力，布防于济西，以防御乐毅亲自率领的燕、赵联军；又命王歜、公孙差率齐军之精锐防守临淄。即便如此，齐王仍难以安枕，只能与公玉丹等日日饮酒，歌舞升平，以消磨时光。

转过年来，春风乍起，寒意渐渐消退，临淄城外的淄水、渑水上的冰也已融化了。这一日，齐王在宫中实在憋闷坏了，便决定到城外游玩，泛舟淄、渑，聊以忘忧。

齐王驾了龙舟，在春水暴涨的淄水上飘摇徜徉，忽然记起，十年前苏秦初次来齐，也是这个时节。十年之间，苏秦帮着自己吞灭了宋，然而也为齐国招来了天下之兵，世事如棋，真难料是福是祸啊！言念至此，齐王口中不觉愤然说道："这个苏秦，终究是为燕不为齐啊！"

公玉丹闻言，从旁谄媚地说道："大王说得对！这个苏秦，伶牙俐齿，是燕国派来专门迷惑大王的！否则秦、赵一联合，燕王为何立刻派出全部兵力来攻打我国？分明是蓄谋已久，要报先王破燕之仇！"

齐王听了，点头恨声道："哼！数年之前，燕王与孟尝君、韩徐为勾勾搭搭，我就感觉其中有诈，有人向我举报苏秦暗中向燕王写密信，没有实据，我还不信。如今，燕国真的来进攻了，我定杀苏秦！"

刚说完这句话，就见远处一骑绝尘，飞奔而至，来人跪倒在地，向齐王禀报："启禀大王！乐毅率赵、燕联军开始进攻了！触子将军、触子将军初战不利！"

齐王大吃一惊，气急败坏地对来人吼道："你快滚回去！告诉触子：'尔等皆要努力向前，奋勇杀敌！否则一定灭掉你们的宗族，掘掉你们的祖坟！'"

来人吓得一缩脖子，一句话也没敢说，飞身上马，拨转马头，绝尘西去。

然而战事并不会因为齐王的激愤而扭转。当临阵交战之时，敌方凶神恶煞一般从三面包抄掩杀，喊杀声震天，早已失去斗志的齐军不免胆战心惊。触子见大势已去，便鸣金退却，自己驾了一辆战车，乔装便服，不知逃到哪里去了。

齐军由副将达子率领，一路溃退。乐毅独自率领急欲复仇的燕军追至距临淄西门雍门不远的秦周。达子收拾残兵败将，摆开阵势，准备殊死一战。

此时，齐王躲在宫中，怒不可遏，两眼冒火，咬牙切齿地命令手下："快去把苏秦抓了！我要让所有人都知道做反间的下场！"

很快，苏秦便被拉至市中，五花大绑，站在一辆车上。

齐王也来了，他立于高台之上，手指苏秦，大声喝道："苏秦！你始终在欺骗寡人！寡人恨不得吃尔之肉，喝汝之血！你还有什么话可说？！"

苏秦的脸上十分平静，他往后甩了甩披散的头发，看了看阴霾的天空，昂首道："你多行不义，自取灭亡。我没什么好说的，唯一的遗憾就是，我不能亲眼看到燕王一统天下、天下太平的那一天了。"说着，苏秦转身向着北方，躬身拜了三拜，

齐王手指苏秦，大声喝道："苏秦！你始终在欺骗寡人！"

又回身道:"我的愿望已经实现,要杀要剐,请便吧。"

此时乐毅已经攻进城来,便打听苏秦的下落。有人告诉他苏秦已被齐王处以极刑,乐毅赶紧策马赶往市中。

市中偌大的广场上,中间正躺着苏秦。乐毅下马,抚尸痛哭,仰天长叹:"苍天啊!你何以对苏君如此荼毒!"

此时,天空飘下了细雨,打在脸上,冰冷刺骨。雨水与泪水齐流,也冲刷着地上的血迹。

苏秦
生平简表

◎周显王四十四年 (前325)

苏秦大约于此年出生于洛阳乘轩里。

◎周赧王九年 (前306)

苏秦二十岁，大约于此年拜鬼谷子为师。

◎周赧王十五年 (前300)

苏秦大约于此时游说周赧王，但并未获得信任。

●◎周赧王十九年（前296）

苏秦游说秦昭襄王，劝他以武力平定天下，以失败告归。

●◎周赧王二十年（前295）

苏秦回到洛阳家中，悬梁刺股，揣摩游说之术。苏秦赴燕国可能也在此年或下年，途中可能经过赵国并拜会了奉阳君李兑。

●◎周赧王二十一年（前294）

苏秦与燕昭王定下反间灭齐之计，并作为燕国使臣出使齐国，劝齐湣王伐宋。

●◎周赧王二十五年（前290）

可能于此年前后苏秦因破坏齐、赵关系而被奉阳君李兑软禁在赵国。

●◎周赧王二十七年（前288）

秦、齐并称西帝、东帝，苏秦劝齐湣王取消帝号，并联合赵、燕、韩、魏等国伐秦。

●◎周赧王二十八年（前287）

苏秦主持齐、赵、燕、韩、魏五国伐秦，由于列国不能齐心协力，最终兵罢成皋，秦国归还部分侵占的土地给赵、魏而求和。在伐秦的同时，齐湣王第二次伐宋，但因魏、赵等国的反对而失败。

●◎周赧王二十九年（前286）

齐、秦再次交好，齐允许秦攻打魏国；作为交换，秦则不干涉齐伐宋。齐第三次伐宋，宋王偃逃至魏，死于温，宋国灭亡。

●◎周赧王三十一年（前284）

赵、燕、秦、韩、魏五国合纵攻齐，乐毅率领燕军攻入临淄，齐湣王逃亡。大约在乐毅攻破临淄前，苏秦被齐湣王以车裂之刑杀害。